INGRID SCHICK

Grüne Soße

Bildnachweis
S. 7/14–15/41: shutterstock/Bierbauch Opa
S. 16: Adobe Stock/Maksim Shebeko
S. 18: Adobe Stock/Denis Gladkiy
S. 20: Adobe Stock/paulst15
S. 22: Adobe Stockgroisboeck
S. 24: Adobe Stock/AnnaReinert
S. 26: Adobe Stock/locrifa
S. 28: Adobe Stock/Brent Hofacker
S. 30–33: istockphoto.com/Manfred Ruckszio
S. 34: Adobe Stock/LensAvenue.com
S. 45: Adobe Stock/Christian Jung
S. 48: Adobe Stock/Nataliia Pyzhova
S. 52: Freepik/dashu83
S. 56: Adobe Stock/Alexandra Schuh
S. 64: Fotolia/Andreas Franke
S. 66: Freepik
S. 68: Adobe Stock/Tatyana Sidyukova
S. 80: Fotolia/Anton Ignatenco
S. 82: Adobe Stock/Lumixera
S. 94: istockphoto.com/Manfred Ruckszio
S. 98: Adobe Stock/laplateresca
S. 104: Fotolia/Zbigniew Lewczak,
S. 110: Fotolia/Maks Narodenko
S. 115: Adobe Stock/laplateresca
S. 118: Fotolia/Joachim Opelka
S. 125: Adobe Stock/laplateresca

Der Umwelt zuliebe nicht in Folie verpackt.

Satz: Bruno Dorn, Societäts-Verlag
Umschlaggestaltung: Bruno Dorn, Societäts-Verlag
Umschlagabbildung: istockphoto.com/Manfred Ruckszio
Druck und Verarbeitung: Print Best Printing Company
Printed in EU 2024 · ISBN 978-3-95542-455-8

Besuchen Sie uns im Internet: www.societaets-verlag.de

ClimateCalc™
Der CO2-Ausstoß dieses Druckproduktes wurde mit ClimateCalc berechnet und kompensiert: South Pole
www.climatecalc.eu CC-000113/EE

INGRID SCHICK

Grüne Soße

Die besten Rezepte
aus Frankfurt
und dem Rest der Welt

societäts\verlag

Inhalt

Liebe Leserinnen und Leser, Genießerinnen und Genießer!

Ich freue mich, Ihnen heute die komplett überarbeitete Neuauflage meines Buches über die Grüne Soße vorstellen zu dürfen. In meinem Buch finden Sie nicht nur Rezepte für die klassische Frankfurter Grüne Soße, sondern auch Varianten aus Hessen, beispielsweise mit Kopfsalat, und dem Rest der Welt.

Die Grüne Soße feiert in der Gunst der Genießer köstliches Revival, weil sie einerseits mit Zutaten wie frischen Kräutern und Milchprodukten aus der Region Vertrauen schafft und nach Heimat schmeckt. Andererseits ist die Grüne Soße aber auch eine Globetrotterin. Denn auch in der mediterranen, der arabischen, der indischen und englischen Küche werden frische Kräuter zu feinen, aromatischen Soßen verarbeitet. So hat man mit der Grünen Soße gleichzeitig Heimat und Weltläufigkeit auf dem Teller. Und je nachdem, was man im Leben und beim Essen bevorzugt, lässt die Grüne Soße einem einerseits die Freiheit, sie immer neu zu interpretieren oder sie nach der Devise »es gibt Dinge, die kann man nicht verbessern« als eine Art kulinarische Standortbestimmung zu genießen.

Ich habe bekennende Hessinnen und Hessen, Zugereiste und »Ingeplackte«, Sterne- und Fernsehköche, ausgewiesene Gourmets und Feinschmecker, Kräuterfrauen und Regionalaktivisten gebeten, als Rezept-Paten zu experimentieren und sich mal so richtig auszutoben. Herausgekommen sind wunderbare Rezepte, welche die Grüne Soße verändern, ohne ihre Fundamente anzutasten. Werden doch immer frische, heimische oder regional-typische Kräuter in Grünen Soße(n), Salsas, Pesto oder Dips verarbeitet. Dazu werden passende Hauptgerichte oder Beilagen von den Rezept-Patinnen und -Paten empfohlen. Alle Rezepte beziehen sich, wenn nicht anders angegeben, auf vier Personen.

Viel Spaß beim Lesen der Grüne Soße-Geschichten und Zubereiten der originellen Rezepte aus dem komplett überarbeiteten Grüne Soße Koch- und Lesebuch.

Ingrid Schick

WELCHE ZUTATEN GEHÖREN IN DIE GRÜNE SOßE?

Was Sie schon immer über die Frankfurter Grüne Soße wissen wollten …

Welche Kräuter sind die richtigen? Eier: geviertelt oder gehackt und untergerührt? Schmand, Quark oder saure Sahne? Über die »richtige« Zubereitung der Grünen Soße gibt es fast so viele Meinungen, wie es Hessen gibt.

Lokalpatrioten führen hitzige Debatten über die einzig wahren Zutaten und die ultimative Zubereitung der Grünen Soße – nur über eins gibt es keine Diskussion: In die Grüne Soße gehören mindestens sieben Kräuter: Borretsch, Kerbel, Kresse, Petersilie, Pimpinelle, Sauerampfer und Schnittlauch. Die Nordhessen legen allerdings Wert darauf, dass ihre Grüne Soße mit Dill und Zitronenmelisse zubereitet wird. Kerbel und Kresse werden im Norden des Bundeslandes in der Regel durch diese beiden Kräuter ersetzt.

Heiß diskutiert wird auch die Frage nach den Milchprodukten, in denen die Kräuter baden sollen. Fest steht, dass es bei der »Erfindung« der Frankfurter Grünen Soße vor mehr als 100 Jahren weder Kefir, Joghurt noch Crème fraîche gab. Schmand – die hessische Variante der sauren Sahne – jedoch schon. Weswegen eine traditionelle Grüne Soße auch damit zubereitet werden sollte. Aber der Experimentierfreude sind in der Küche bekanntlich kaum Grenzen gesetzt.

Mayo und Meerrettich? Das ist die nächste Glaubensfrage bei der Zubereitung. Das sorgt nicht nur bei traditionellen Köchinnen und Köchen für Zündstoff, sondern wird auch bundesweit in Genießer-Portalen kontrovers diskutiert. Im renommierten Feinschmecker-Magazin Effilee behauptete ein Food-Stylist und Autor sogar, dass die Mayonnaise, für die wahlweise rohes oder gekochtes Eigelb mit Öl aufgezogen wird, die Basis für die Grüne Soße bilde. Bei kulinarischen Lokalpatrioten kommt Mayonnaise aber auf gar keinen Fall in die Soße, dafür aber Meerrettich. Am Fuße des Westerwaldes kommt sogar pürierter Kopfsalat neben Dill hinein.

Einigkeit herrscht schon eher bei der Frage, ob die Grüne Soße nun mit oder ohne Ei zubereitet werden soll. Regional unterschiedlich ist nur die Verarbeitungsart der Eier. Während im Süden Hessens die Eier geviertelt oder halbiert auf oder neben die Soße kommen, werden sie in Nordhessen meist gewürfelt und untergerührt.

Warum überhaupt Eier in die Grüne Soße kommen, das erklärt sich einerseits ganz pragmatisch, andererseits aus frühchristlichen Traditionen. Gläubigen Katholiken war der Fleischgenuss, Eier zählten als »flüssiges Fleisch«, während der vierzigtägigen Fastenzeit vor Ostern streng verboten. Aber ausgerechnet im Frühling sind die Hennen besonders legefreudig. Wohin also mit der Überproduktion? Das Kochen von Eiern wurde zu einer gängigen Methode, um Eier zu konservieren.

Das Ei galt aber auch schon in vorchristlicher Zeit als Symbol für das sich stets erneuernde Leben. Schon die germanischen Völker verzierten zum Ostarafest (Frühlings-Tag- und Nachtgleiche) gekochte Eier und rollten diese als Fruchtbarkeitssymbole kleine Abhänge herunter. Das Christentum nimmt diese alte Symbolik des Vergehens und Werdens auf. Passende kulinarische Begleitmusik: die Verarbeitung der frisch sprießenden grünen Kräuter, die nach langen, kargen Wintermonaten, die menschlichen Vitalkräfte wiederbeleben. Eier, Kräuter und Milchprodukte sind als Eiweiß- und damit Energiespender nicht zu schlagen!

FRANKFURTER GRÜNE SOßE – EINE KULINARISCHE ZEITREISE

Dichtung & Wahrheit

Viele Legenden und Vermutungen ranken sich um die Herkunft der Grünen Soße. Fakt ist: Grüne Soße wird auf der ganzen Welt gegessen – von Peru bis Persien, von Indien bis ins Hessenland. Immer werden gerade die Zutaten verwendet, die regional und frisch zu haben sind.

Die Frankfurter »Grie Soß« ist keineswegs eine Erfindung von Catharina Elisabeth Goethe, der Mutter des Dichterfürsten Goethe, auch wenn echte Frankfurter Lokalpatrioten diese Umdeutung der kulinarischen Geschichte erzählen. Frau Rath Goethe war wohl die populärste Frankfurterin des 18. Jahrhunderts. Aber vieles, was aus dem Leben der »Frau Aja« überliefert ist, liegt zwischen Dichtung und Wahrheit. Mit dem Mythos, sie habe die Frankfurter Grüne Soße erfunden, wurde 2008 bei einer groß angelegten Ausstellung zu ihrem Leben im Goethehaus und Goethemuseum aufgeräumt. So gibt es auch kein »Original-Rezept« von ihr.

Die Vorgänger dieser kalten Kräutersoße sind in Europa schon seit 2.000 Jahren bekannt. Wahrscheinlich brachten römische Legionäre das Rezept aus dem Vorderen Orient mit nach Rom. Wo die Soße mit vielen frischen Kräutern als Salsa Verde Karriere machte. Und vielleicht hatte Katharina von Medici, eine große Feinschmeckerin ihrer Zeit, die 1533 von Florenz nach Frankreich reiste, um den zukünftigen König Heinrich II. zu heiraten, dieses Rezept im Gepäck. Denn Katharina brachte eine ganze Truppe ausgebildeter Meisterköche mit nach Frankreich. Die kannten alle Geheimnisse der raffinierten Kochkunst ihrer Zeit.

In der Tat gibt sogar der »Larousse Gastronomique«, das großartige Standardwerk für Küche, Kochkunst und Esskultur, zu, dass »die italienische Küche für alle Länder des westlichen Europas als wahrer Ursprung aller Kochkunst gelten muss«. Und so könnte aus der italienischen Salsa Verde die Sauce Verte geworden sein. Wahrscheinlich waren es auch protestantische Hugenotten, die diese Sauce Verte Ende des 17. Jahrhunderts nach Hessen brachten, als sie vor der Verfolgung aus Frankreich flohen.

Einige Quellen behaupten auch, dass die italienischen Handelsherren Bolongaro und Crevenna, die auch in ihrer Wahlheimat Frankfurt nicht ohne ihre Leibspeise sein wollten, ihre Grüne Sauce an den Main importierten. Allerdings mussten die Köche der Herrschaften die Kräuter nehmen, die es in Frankfurt auf dem Markt gab. So könnte aus der italienischen Salsa Verde die Grüne Soße der Frankfurter geworden sein.

Das erste gedruckte Rezept der Frankfurter Variante findet sich allerdings erst sehr viel später, nämlich 1860, im Frankfurter Kochbuch der Wilhelmine Rührig. In der »klassischen« Zusammensetzung aus den sieben Kräutern ist das Frankfurter Nationalgericht sogar erst in der zweiten Hälfte des 19. Jahrhunderts belegt.

Mittlerweile gibt es unzählige Variationen der Grünen Soße. Allein die Frage nach der »richtigen« Zubereitung kann stundenlange Diskussionen auslösen, bei der die verschiedenen Parteien ihre Standpunkte mit fast religiöser Inbrunst vertreten.

DIE KRÄUTER FÜR DIE GRÜNE SOẞE

Die glorreichen Sieben

Für Frankfurter Lokalpatrioten gibt es keinen Zweifel: In die »echte« Frankfurter »Grie Soß« gehören ausschließlich sieben Kräuter, nämlich Kerbel, Kresse, Sauerampfer, Borretsch, Pimpinelle, Schnittlauch und Petersilie – und sonst nichts. Diesen sieben Kräutern ist im Stadtteil Oberrad sogar ein Grüne Soße-Denkmal gewidmet. Beim alljährlichen Grüne Soße-Festival, seit 2022 die »Grüne Soße-Festspiele« mit buntem Kulturprogramm, streiten bekannte Größen der Frankfurter Szenegastronomie mit alteingesessenen Apfelweinlokalen um die Gunst der Gäste und das beste Grüne Soße-Rezept.

.Kerbel.

Kerbel (Anthriscus cerefolium)

Bereits in der Antike wurde Kerbel geschätzt. Heute kennt man das Kraut aus der Familie der Doldenblütler in ganz Europa. Und für Hessen gilt: Ohne Kerbel keine »Grie Soß«! Denn das Küchenkraut gibt der Grünen Soße ihren süßlichen Geschmack. Leicht zu erkennen ist der Kerbel an seinen zierlichen, leicht gefiederten Blättern. Das frische Würzkraut ist hocharomatisch und gehört in Frankreich zu den »fines herbes«, den feinen Kräutern der guten Küche.

Die kleinen, hellgrünen Blätter ähneln der glatten Petersilie, sind aber viel zarter. Kerbel hat sehr feine Aromen, schmeckt leicht süßlich und erinnert etwas an Fenchel und Anis. Am besten verwendet man ihn frisch in Salaten oder Kräuterquarks, denn getrocknet verliert er an Aroma und Wirkung.

In der Volksmedizin wird der Kerbel im Frühjahr eingesetzt, um den Körper zu entschlacken und den Stoffwechsel anzuregen. Durch seine anregende Wirkung auf die Verdauungsorgane und die Nieren wirkt er auch blutreinigend. Wie alle Doldenblütler enthält die gesamte Pflanze viel ätherisches Öl, die Blätter enthalten zusätzlich Vitamin A und C sowie Magnesium und Eisen.

Sauerampfer.

Sauerampfer (Rumex acetosa)

Wer hat nicht als Kind Sauerampfer, dessen säuerlicher Geschmack an Zitronen erinnert, von den Wiesen gepflückt? Bei einem Ausflug in den Kräutergarten der Natur wird man ihn in der Regel schnell finden, denn er wächst auf fast jeder naturbelassenen Wiese. Sauerampfer in seiner Kulturform ist größer als der wilde. So kann er, bis er in Blüte geht, einige Male geerntet werden.

In Supermärkten sind die hell- bis dunkelgrünen, unbehaarten Blätter oft Mangelware. Aber Sauerampfer ist unerlässlich als Zutat der Grünen Soße. Für die Verarbeitung eignen sich am besten die jungen Triebe und zarten Blätter. Ältere Blätter schmecken bitter. Der Sauerampfer passt als Gewürz zu Salaten, Dips und Soßen. Feingehackt, kurz in Salzwasser gekocht und dann in Butter gedünstet, ist Sauerampfer auch ein sehr schmackhaftes Gemüse. Man kann ihn zudem mit Spinat oder Mangold kochen.

ACHTUNG! Beim Trocknen verliert der Sauerampfer einen großen Teil seines Aromas.

TIPP ZUR AUFBEWAHRUNG: Frische Blatter zerkleinert und in Wasser einfrieren! Wird er trocken eingefroren, »erfriert« er.

WICHTIG! Sauerampfer darf nicht in einem Eisentopf gekocht werden, das Kraut erhält dann einen unangenehmen metallischen Geschmack.

.Borretsch.

Borretsch (Borago officinalis)

Der zu den Raublattgewächsen zählende Borretsch ist ein Geheimtipp unter den heimischen Gartenkräutern. Seine blauen, sternförmigen Blüten sind nicht nur schön anzusehen, er kann auch auf vielfältige Weise für Küche und Hausapotheke eingesetzt werden. Die wichtigsten Kennzeichen der bis zu 80 cm hohen, im Mittelmeerraum heimischen Pflanze: große, weiche Blätter, die mit Borsten besetzt sind. Und auch der Geruch ist charakteristisch. Er erinnert stark an den Duft von Gurken.

Heute wird der Borretsch überwiegend in Gewächshäusern gezüchtet. Der Grund: Die Blätter sind zarter und im Gegensatz zum frei wachsenden Borretsch nicht so faserig und behaart. Wegen des erfrischenden, gurkenähnlichen Geschmacks wird Borretsch auch Gurkenkraut genannt.

Das frische Kraut eignet sich für Salate aller Art, in Dips und Mayonnaisen und Kräuterbutter (sehr fein gehackt) und ist Geschmacksträger in der Grünen Soße. Ältere Blätter zu Mangold oder Spinat gegeben verbessern Geschmack und Farbe. Die essbaren Blüten sind eine hübsche Dekoration in Salaten und sommerlichen Getränken. Hingucker in jedem Cocktailglas: die in Eiswürfel eingefrorenen Blüten.

Als Gewürz in Salaten und der Grünen Soße werden die jungen, frischen Borretschblätter verwendet. Getrocknete Blätter verlieren rasch an Aroma und sind zum Würzen nicht geeignet!

.Pimpinelle.

Pimpinelle (Sanguisorba minor)

Die zu den Rosengewächsen gehörende Pimpinelle liebt sonnige oder halbschattige Plätze im Garten. Vielen ist die Pflanze auch als Bibernelle bekannt. Sie ist mehrjährig und winterfest. Junge Blätter können laufend geerntet werden, sie ist fast so vielseitig wie Petersilie. Und doch findet man sie in den Gemüseabteilungen eher selten.

Pimpinelle schmeckt süßlich-nussig und ist eine pikante Zutat für Rohkostspeisen. Die enthaltenen Flavone, Gerbstoffe sowie Vitamin C verleihen dem bekannten Heilkraut eine blutstillende und antiseptische Wirkung.

Pimpinelle soll immer erst den fertigen Speisen zugefügt werden. Wird sie mitgekocht, verliert sie ihr frisches Aroma. In Essig oder Zitronensaft eingelegte Pimpinelle wird gern zu Salaten genommen. Gut schmecken auch die jungen Blätter auf dem Butterbrot oder auf Quarkschnitten sowie feingehackt zu Salaten, Quark, Fisch, Eierspeisen, Gemüse und Salzkartoffeln, aber auch zu Kräuterbutter, grünen Soßen, als Suppenkraut zu frischen Suppen und zur Aromatisierung von kalten Getränken.

ACHTUNG! Pimpinelle eignet sich nicht gut zum Trocknen, da dabei die meisten Aromen verloren gehen. Lässt sich aber gut einfrieren!

.Schnittlauch.

Schnittlauch (Allium schoenoprasum)

Schnittlauch gehört zur Lauchfamilie. Unterirdisch bildet sich bei jeder Pflanze ein Büschel dünner Zwiebeln, oberirdisch wachsen dünne, röhrenartige Blätter und Doldenkugeln aus kleinen blauen Blüten. Schnittlauch vereint einen milden Zwiebelgeschmack mit einem sehr dezenten Knoblauchgeruch. Es zählt zu einem der beliebtesten Gartenkräutern und ist ein ideales Küchengewürz.

Im Freien oder auf dem Balkon lässt sich Schnittlauch gut ziehen. Und auch auf der Fensterbank fühlt sich das gesundheitsförderliche Kraut das ganze Jahr über wohl. Es werden die Blattröhrchen geerntet, diese nicht zu tief schneiden. Auch die Knospen können gegessen werden.

Bei der Verfeinerung von Soßen sollte man die zarten Stängel nur leicht erhitzen. Denn beim Kochen verliert er seine Geschmacks- und Inhaltsstoffe. Der Grünen Soße verleiht der Schnittlauch eine milde Schärfe.

Ebenso wie seine Verwandten Knoblauch, Zwiebel und Schalotte enthält Schnittlauch neben Eisen und Kalium auch Vitamin C und wirkt blutdrucksenkend. Die ätherischen Öle regen den Appetit an.

Schnittlauch als Begleitpflanze im Kräutergarten hat einen entscheidenden Vorteil: durch seinen scharfen Geruch vertreibt er viele Schadinsekten. Verstärkt wird dieser Effekt durch Pflanzengemeinschaften aus Schnittlauch mit Knoblauch, Pimpinelle, Rosmarin, Thymian und Petersilie.

.Kresse.

Gartenkresse (Lepidium sativum)

Die aus Persien stammende Gartenkresse ist eine Pflanze aus der artenreichen Familie der Kreuzblütler. Abgepackt und versehen mit einem kleinen Nährboden, findet man die Kresse in jedem Supermarkt. Viel mehr Spaß macht es jedoch, sie selbst zu Hause in einem Blumentopf zu ziehen oder auf feuchtem Küchenkrepp zum Keimen zu bringen. Dem Kraut kann man nämlich beim Wachsen zuschauen. Nur eine Woche Geduld, dann kann man die kleinen Kresse-Pflänzchen ernten.

Kresse besticht durch eine angenehme leichte, an Rettich erinnernde Schärfe. Sie schmeckt frisch nach Garten und bringt eine intensive Würze. Die drei bekanntesten Arten sind Gartenkresse, Brunnen- und Bachkresse sowie Rucola (ja: Rucola ist eine Kresse-Art!). Alle Sorten haben jedoch die gleiche Wirkung. Die Kresse ist reich an Vitamin C. Sie liefert viel Vitamin B1 und B6. Sie enthält Spurenelemente wie Magnesium, Kalzium, Eisen, Jod, Chrom und Phosphor und ist reich an würzigen Senföl-Glykosiden. Mit Kresse kann man die Frühjahrsmüdigkeit schon im Winter bekämpfen, bevor sie überhaupt ausgebrochen ist.

Am häufigsten wird sie Blattsalaten beigegeben oder auf dem Butterbrot gegessen. Schmeckt aber auch vorzüglich zu kaltem Fleisch, Wurst, Bartkartoffeln, Rührei, Suppen und Salaten. Kresse ist zudem ein unverzichtbares Kraut für die Frankfurter Grüne Soße. Ganz wichtig bei der Dosierung: das richtige Maß. Denn Kresse kann – wenn zu großzügig verwendet – schnell zu dominant schmecken.

.Petersilie.

Petersilie (Petroselinum crispum)

Zu den glorreichen Sieben gehört selbstverständlich auch die Petersilie, deren Wildform vermutlich aus dem östlichen Mittelmeergebiet und Nordafrika stammt. Dort wurde die Pflanze schon vor über 5.000 Jahren kultiviert. Sie gibt es in zwei wichtigen Unterarten: Als Blattpetersilie mit ihren krausen oder glatten Blättern und als Wurzelpetersilie. Was die Inhaltsstoffe angeht, ist sie ein echtes Powerkraut und eines der ältesten verwendeten Kräuter überhaupt.

Plinius, Paracelsus, Kneipp – alle namhaften Medizin-Gelehrten schreiben der Petersilie gesundheitsfördernde Wirkung bei unterschiedlichen Leiden und Krankheiten zu. Heute weiß man, dass ein Esslöffel Petersilie die Hälfte des Tagesbedarfs an Vitamin C deckt. Und knapp 20 Gramm liefern ein Drittel des täglichen Bedarfs an Mangan. Das Spurenelement ist wichtig für eine positive Stimmung. Außerdem hilft es der Leber, den Körper zu entgiften. Daneben enthält die Petersilie Betakarotin, Folsäure und Eisen und wirkt verdauungsanregend.

Petersilie wird zur Verfeinerung für viele Gerichte verwendet: Eier-, Fisch-, Fleisch-, Geflügel-, Kartoffelgerichte, Kräuterbutter, Muscheln, Nudel- und Reisgerichte, Salate, Soßen, Marinaden. Sie wird immer zum Schluss beigefügt. Als Würze verwendet man Petersilie vor allem für Suppen und Eintöpfe. Diesen verleiht sie ein intensives Aroma und verstärkt den Geschmack um einiges.

Petersilie kann ganzjährig geerntet werden und wächst im eigenen Garten oder im Blumentopf vor dem Fenster jederzeit nach. Man zupft einfach die Blätter mit den Stielen ab.

TIPP: Für den Winter kann Petersilie eingefroren oder in Essig konserviert werden, Trocknung ist weniger geeignet.

DER ZIMMER- UND BALKON-KRÄUTERGARTEN

Kräuter mit Zierwert

Frische Kräuter aus eigenem Anbau sind in. Diese Vitamin- und Aromabomben gehören in jede Küche und sind unverzichtbar für den grünen Frischekick … und die Frankfurter Grüne Soße. Gestalten Sie also Ihren eigenen Garten Eden. Das Schöne daran: sieht super aus, man kann jeden Tag frisch ernten und alles ist bio!

Schon lange habe ich Geranien und Primeln auf dem Balkon gegen Borretsch, Schnittlauch & Co. getauscht. Denn im Zimmer- oder Balkon-Kräutergarten verbindet sich Nutzen mit Schönheit. Viele Kräuter blühen mit kleinen, zarten Blüten, duften intensiv und haben ein fantastisches Aroma. Die meisten wachsen auf dem Balkon oder der Fensterbank problemlos in formschönen Töpfen, Schalen oder Kästen, wenn ihre Standortbedingungen berücksichtigt werden.

In der idealen Kräuter-WG werden die Pflanzen immer nach ihrer Herkunftsregion – beispielsweise Petersilie, Kerbel, Pimpinelle oder Kräuter aus mediterranen Ursprungsländern Ländern, beispielsweise Thymian und Salbei, zusammengepflanzt. Da sich Schnittlauch nicht mit Petersilie verträgt, sollte man dem einen oder dem anderen Kraut einen Extra-Topf gönnen.

Ein Kräutertopf mit mehreren Ausbuchten eignet sich am besten für den platzsparenden Anbau von Kräutern mit unterschiedlichen Bedürfnissen: Oben wachsen die Kräuter, die es lieber trocken und sonnig mögen. Unten solche, die feuchteren Boden und Schatten benötigen.

KRÄUTERGÄRTNERN IST KEINE HEXEREI!

Am einfachsten ist es, wenn man sich die Kräuter aus der Gärtnerei seines Vertrauens holt. Die stehen allerdings in relativ kleinen Töpfen mit wenig Erde. Will man sie weiter kultivieren, sollte man sie möglichst schnell in einen größeren Topf umpflanzen und zunächst nicht ernten, damit sie genügend Blattwerk bilden können. Die Kräuter haben nach etwa 10 bis 12 Wochen eine Größe erreicht, bei der man Blätter und Triebe fortlaufend schneiden kann.

TIPP: *Kräuter in Gefäßen brauchen mehr Pflege als Kräuter im Beet. Um die Gießarbeit in Grenzen zu halten, sollten die Gefäße nicht zu klein sein. Schon beim Einpflanzen sollte die endgültige Größe der Pflanzen bedacht werden. Ganz wichtig sind Ablauflöcher in den Pflanzgefäßen, denn die grünen Aromabomben mögen zwar regelmäßiges Gießen, vertragen aber keine Staunässe!*

Die meisten Kräuterpflanzen lieben einen nahrhaften, leicht alkalischen Boden, wie ihn handelsübliche Blumenerde oder Kübelpflanzenerde bietet. Ich gebe immer noch eine Handvoll Komposterde dazu.

TIPP: *Während Kräuter im Freiland zurückhaltend gedüngt werden sollten, möchten sie im Topf einmal monatlich zusätzlich „gefüttert" werden, am besten mit organischen Düngern, die in die Erde gemischt werden.*

So mögen es die sieben klassischen Kräuter für die Grüne Soße am liebsten:

KERBEL

STANDORT: halbschattig
BODEN: lockere, humose Erde
PFLEGE: gleichmäßig feucht halten

SAUERAMPFER

STANDORT: schattig bis halbschattig
BODEN: nährstoffreich, feucht
PFLEGE: Sauerampfer wächst ursprünglich auf feuchten Wiesen, Äckern und Gräben. Deswegen gleichmäßig gut feucht halten

BORRETSCH

STANDORT: halbschattig bis sonnig
BODEN: humos mit guter Wasserversorgung
ANMERKUNG: da der im Mittelmeerraum heimische Borretsch bis zu 80 cm hoch wird, eignet er sich nicht für den Anbau auf der Fensterbank oder dem Balkon!

PIMPINELLE

STANDORT: sonnig, warme Lagen, gedeiht aber auch im Halbschatten in feuchter, jedoch nicht nasser Lage
BODEN: leicht, kalkhaltig
PFLEGE: regelmäßig wässern, ansonsten eher anspruchslos

SCHNITTLAUCH

STANDORT: sonnig bis halbschattig

BODEN: nährstoffreich, feucht, kalkhaltig

PFLEGE: Schneiden Sie nie mehr als $^{2}/_{3}$ der Halme dicht über dem Boden ab, damit er nachwächst und mild schmeckende Blüten mit Zwiebelaroma bildet!

KRESSE

STANDORT: hell, warm auf der Fensterbank

BODEN: Haushaltspapier

PFLEGE: In ein flaches Gefäß oder auf einen Teller legt man ein Stück gut angefeuchtetes Haushaltspapier und streut Kressesamen darauf. Das Gefäß auf die helle Fensterbank stellen und die Saat stets feucht halten, am besten mit einer Sprühflasche. Schon nach zehn Tagen kann geerntet werden

PETERSILIE

STANDORT: sonnig bis halbschattig

BODEN: locker, durchlässig, nährstoffreich, feucht

PFLEGE: nicht austrocknen lassen!

TIPP: Schnittlauch und Petersilie vertragen sich nicht gut. Also mit großem Abstand, am besten in verschiedenen Töpfen

GRÜNE SOẞE AUS FRANKFURT

Grüne Gourmet Fraktion

Über die einzig richtige Zubereitung des Frankfurter Nationalgerichtes gibt es fast so viele Meinungen, wie es Frankfurterinnen und Frankfurter gibt – egal, ob »zugereist« oder »ingeplackt«. Ganz klassisch mit sieben Kräutern, Schmand und Ei oder ganz innovativ »Gourmet Style« als Mousse – dem individuellen Geschmack sind keine Grenzen gesetzt. Gehen Sie mit Frankfurter Spitzenköchen wie Mario Lohninger, Thomas Haus und André Großfeld oder mit bekannten Frankfurtern wie Tim Frühling oder Robert Mangold auf Geschmacks-Expedition!

MARIO LOHNINGER, RESTAURANT LOHNINGER

»Echtes« Wiener Schnitzel mit Frankfurter Grüner Soße

Die Wurzeln in Österreich, aber in der Welt zu Hause – das Restaurant Lohninger pflegt einen weltoffenen Küchenstil und gehört zu den besten Adressen in der Frankfurter Gastronomieszene. Für die Raffinesse der Gerichte und die Produktqualität wählte der Gault & Millau den Inhaber und gebürtigen Österreicher Mario Lohninger 2011 zum Koch des Jahres. Im folgenden Rezept vereint der Spitzenkoch einen Klassiker aus seiner Heimat mit einem Frankfurter.

ZUTATEN

1 kg Kalbshüfte
300 g Mehl
300 g Paniermehl
70 g Kaiser-Semmelbrösel
3 Eier
1,3 l Sonnenblumenöl
2 EL Butter
Salz, Pfeffer zum Würzen

WIENER SCHNITZEL

1/ Kalbshüfte parieren und vier Schnitzel à ca. 150 Gramm aus der Hüfte schneiden. Anschließend plattieren.

2/ Das Paniermehl mit den Kaiser-Semmelbröseln mischen, fein mahlen und in einen breiten Behälter geben.

3/ Die Eier in eine Schüssel schlagen und gut verquirlen.

4/ Das Mehl ebenfalls in einen breiten Behälter geben.

5/ Die Schnitzel mit Salz und Pfeffer beidseitig würzen und im Mehl wälzen, danach durch die Eier ziehen und mit dem Paniermehl panieren.

6/ Das Sonnenblumenöl ca. 1 Zentimeter hoch in eine Pfanne geben und erhitzen.
7/ Die panierten Schnitzel ins heiße Öl legen und durch leichtes Rütteln immer in Bewegung halten.
8/ Wenn sie an der Unterseite eine goldbraune Farbe angenommen haben, die Schnitzel wenden und ein Stück Butter dazugeben.
9/ Die Schnitzel weiter in Bewegung halten, goldbraun fertigbacken und danach auf einem Teller mit Küchenkrepp abtropfen lassen.

ZUTATEN

2 Bund Grüne Soße-Kräuter
2 Eier, hart gekocht
1 Essiggurke
300 g Schmand
300 g Crème fraîche
200 g Joghurt
2 TL Senf
Salz, Pfeffer, Weißweinessig

FRANKFURTER GRÜNE SOßE

1/ Die Kräuter waschen, gut abtropfen und zweimal durch einen Fleischwolf laufen lassen.
2/ Eier und Essiggurke hacken.
3/ Die zerkleinerten Kräuter, die Eier und die Essiggurke mit Schmand, Crème fraîche, Joghurt und Senf vermischen.
4/ Mit Salz, Pfeffer und nach Geschmack mit Weißweinessig abschmecken.

SERVIEREN: Schnitzel auf einen Teller setzen und mit der Grünen Soße daneben, nicht darüber servieren.

THOMAS HAUS, DIE WERKSKANTINE

Warme Frankfurter Grüne Soße

Thomas Haus ist ein Entrepreneur der »neuen deutschen Küche«. Seinen Küchenstil loben Gastrokritiker für die »intelligente Herzhaftigkeit«. Gekocht wird mit saisonalen und regionalen Produkten. So bezieht Thomas Haus Produkte überwiegend aus der Nachbarschaft: die Tomaten von Heidi Jung, der »Tomaten-Königin« aus Oberrad, die Grüne Soßen-Kräuter von Doris Krämer im gleichen Stadtteil. So kommt bei Thomas Haus nur das Frischeste vom Oberräder Acker in die Grüne Soße, die er auch mal auf ganz andere Art zubereitet, wie das folgende Rezept zeigt.

WARME FRANKFURTER GRÜNE SOßE

1/ Schalotten schälen und würfeln.
2/ Champignons putzen und mit den Schalottenwürfeln in der Butter dünsten, ca. 10 Minuten köcheln lassen.
3/ Die Kräuter der Frankfurter Grünen Soße waschen, putzen, entstielen.
4/ 180 g davon (Petersilie, Kerbel, Schnittlauch) für 5 Sekunden in kochendem Wasser blanchieren.
5/ Sofort danach in Eiswasser abschrecken und trockenlegen.
6/ Danach die frischen, gezupften Kräuter sowie die blanchierten Kräuter mit dem erkalteten Gemüsefond fein pürieren.
7/ Mit dem Öl und dem Senf weitermixen.
8/ Schnell auf Eis runterkühlen.
9/ Derweil die Zwiebeln schälen, in kleine Würfelchen schneiden und mit dem Sonnenblumenöl langsam in der Pfanne glasig schmoren, bis die Zwiebeln richtig weich sind – anschließend fein pürieren.

→

ZUTATEN

2 Schalotten
20 g Butter, zum Braten
70 g Champignons
190 ml Gemüsebrühe, am besten selbst gekocht
1 EL Senf
1 Zitrone
3 EL Sonnenblumenöl
Etwas Salz zum Würzen

1 Rolle Frankfurter Grüne Soße-Kräuter
200 g Zwiebeln
400 g reife Tomaten, am Vorabend fein pürieren und über Nacht in einem Tuch abhängen. Den klaren gewonnenen Saft am nächsten Tag bereitstellen

10/ Nach Wunsch und Menge etwas Tomatenwasser erhitzen, mit dem Zwiebelpüree eine soßenartige Viskosität erzeugen und die vorbereiteten Frankfurter Grünen Kräuter bis zur gewünschten Konsistenz und eigenem Geschmack dazu einrühren.
11/ Mit Zitronensaft und Salz abschmecken.

Thomas Haus empfiehlt dazu kurzgebratenen Wildlachs.

ZUTATEN

150 g Wildlachsfilet, p.P.
Etwas Sonnenblumenöl
Meersalz und Zitronenpfeffer zum Würzen

WILDLACHS

1/ Den Fisch vor dem Anbraten mit Meersalz & Zitronenpfeffer würzen.
2/ In Sonnenblumenöl kurz, um etwas Farbe und Röstaroma zu erzeugen, anbraten, so dass er noch roh in der Mitte ist.
3/ Bei ca. 55°C noch weitere 8-10 Minuten im Ofen lassen. So verteilt sich die Hitze, die sich außen durch das Anbraten gebildet hat, im ganzen Fischfleisch und der Lachs bekommt seine glasige Struktur.

TIM FRÜHLING, MODERATOR & AUTOR

Grüne Soße mit Maultaschen

Tim Frühling, Moderator und Wetter-Prophet im Hessischen Fernsehen und Funk ist »mit vollem Herzen Hesse, kann aber nicht seine Kinder- und Jugendjahre in Stuttgart aus dem Lebenslauf herausmogeln. Daher hat er eine schwäbisch-hessische Fusion mit Grüner Soße als Rezept-Pate gezaubert.

ZUTATEN

2 Päckchen Frankfurter Grüne Soße-Kräuter
2 Becher griechischen Joghurt
2 Becher hessischen Schmand
1–2 Knoblauchzehen – auch wenn der Frankfurter/die Frankfurterin darüber die Nase rümpfen wird
2–3 TL Senf
Saft einer ½ Zitrone
Salz, Pfeffer zum Würzen

GRÜNE SOßE

1/ Die Kräuter von den groben Stängeln befreien und mit dem Zauberstab fein pürieren.
2/ Joghurt und Schmand dazugeben und alles miteinander gut mischen.
3/ Mit Salz und Pfeffer würzen und zum Schluss mit Zitrone abschmecken.
4/ Die Grüne Soße mindestens einen halben Tag gekühlt durchziehen lassen.

MAULTASCHEN

»Maultaschen kann man natürlich selbst machen, das ist aber eine Heilandsschafferei«, sagt Tim Frühling. Seiner Meinung nach tun es auch gekaufte. »Idealerweise bringt man sich als Hesse bei einer Fahrt durchs Schwabenländle Maultaschen von einem Dorfmetzger mit. Da hat jeder sein eigenes Rezept, alle schmecken etwas anders, auf jeden Fall aber ganz wunderbar.«

ZUTATEN

3–4 Maultaschen pro Person

2–3 EL Butter, zum Anbraten

ZUBEREITUNG

1/ Die Maultaschen werden gewürfelt, so dass aus jeder etwa 10–12 »Stückle« werden. Dadurch ergibt sich mehr Fläche, die beim Anbraten kross werden kann.

2/ Nun in der Pfanne Butter zerlassen und die Maultaschen unter häufigem Wenden braten. Sie sollten eine leicht bräunliche Farbe annehmen.

3/ Grundsätzlich sind die Maultaschen schon gut gewürzt, es kann noch mit etwas Salz und Pfeffer in der Pfanne nachgeholfen werden.

4/ Wenn die »Maultäschle« schön kross sind, ist das Ziel eigentlich schon erreicht. Ab auf den Teller damit und die Grüne Soße dazu. Ich würde die Soße nicht direkt über die Maultaschen geben, sondern nebenan, quasi als Dip. Ond etzert gilt: Lasset's eich schmecka!

→

Für alle, die ihre Maultaschen jedoch selbst machen wollen, hier ein traditionelles Rezept:

ZUTATEN

300 g Mehl
3 Eier
2–3 TL Wasser
Eine gute Prise Salz

NUDELTEIG

Aus Mehl, Eiern, Wasser und Salz einen zarten Nudelteig herstellen und sehr dünn ausrollen.

ZUTATEN

250 g Hackfleisch
1 Brötchen, eingeweicht
2 Eier
1 Zwiebel, sehr fein geschnitten
1 EL Butter
4–5 Stängel Petersilie, von Stängel befreien und sehr fein schneiden
Salz, Pfeffer, Muskat zum Würzen

FÜLLUNG

1/ Sehr fein geschnittene Zwiebeln in heißer Butter kurz andünsten.
2/ Gehackte Petersilie dazugeben.
3/ Hackfleisch, ein Ei, Zwiebel-Petersilienmasse und das eingeweichte Brötchen gut mischen und mit Salz, Pfeffer und Muskat würzen.
4/ Die Hälfte des ausgerollten Teiges in gleichmäßigen Abständen mit der vorbereiteten Fülle belegen.
5/ Die zweite Hälfte des ausgerollten Teiges über die Fleischhäufchen klappen.
6/ Maultaschen mit Teigrädchen ausschneiden.
7/ Teigränder innen mit angeschlagenem Eiweiß bestreichen und mit den Fingern fest zusammendrücken, so dass etwa 5 x 5 cm große Taschen entstehen.

8/ Reichlich Salzwasser zum Kochen bringen und die Maultaschen darin etwa 10 Minuten ziehen lassen. Danach sofort mit heißer Butter bestreichen.

SYBILLE NOLTE & TIAM NAZARINEJAD, HESSEN SHOP

Grüne Soße-»Schneggscher«

Delikates aus Frankfurt und Hessen vom »Schobbegummi«, Edel-Apfelweinen bis zum Grüne Soße-Pesto, Gedrucktes und Bedrucktes rund um Bembel und Ebbelwoi, Literatur von Krimis, Hessen-Kochbüchern bis zu -Erlebnisbüchern, kunstvolle Dinge und Bilder »made in Hessen«, ein Eintracht-Shop, aber auch schöne Accessoires »für die gudd Stubb« – das Sortiment im Hessen Shop ist ebenso riesig wie originell. Zu den exklusiv für den Hessen Shop produzierten Frankfurter Schmankerln gehört das Pesto von den sieben Kräutern der Frankfurter Grünen Soße.

GRÜNE SOßE-»SCHNEGGSCHER«

ZUTATEN

1 Blätterteigrolle
2 mittelgroße Zwiebeln
1 Glas »DelikatHessen« Grüne Soße-Pesto
100 g Feta, gerieben oder zerbröselt
1 EL Sonnenblumenkerne, mehr nach Belieben

1/ Die Zwiebeln in kleine Würfel schneiden und bei mittlerer Hitze ordentlich anbraten.
2/ Ein Glas Grüne Soße-Pesto mit den Zwiebeln vermischen und etwas abkühlen lassen.
3/ Den aufgerollten Blätterteig mit der Pesto-Zwiebel-Masse bestreichen, Feta und Sonnenblumenkerne darüber geben und den Blätterteig längs wieder einrollen.
4/ Ca. 1 cm breite Streifen schneiden und mit der Schnittfläche auf ein mit Backpapier belegtes Backblech legen.
5/ Bei 200°C auf mittlerer Schiene backen, bis die »Schneggscher« schön braun sind.

ROBERT MANGOLD, TIGERPALAST

Grüne Soße »Grandma Style«

Keine Liebe ist aufrichtiger als die zum Essen«, da hält es Robert Mangold ganz mit George Bernard Shaw … und der Familientradition. So wird in Mangolds Familie beispielsweise die Grüne Soße schon über Generationen nach demselben Rezept zubereitet, was als eine Art Evangelium der Kräuterküche galt und gilt. Dieses Selbstbewusstsein ist dem Umstand gedankt, dass eine Vorfahrin mütterlicherseits Köchin in einer angesehenen Frankfurter Patrizierfamilie war. »Mit ihrer Grünen Soße hatte sie dort, würde man heute sagen, Kultstatus inne«, so Mangold.

GRÜNE SOẞE »GRANDMA STYLE«

1/ Die Kräuter werden verlesen und aussortiert, gewaschen und nur die Petersilie gehackt.

2/ Alle anderen Kräuter, die teils wie die Kresse durch das Hacken scharf oder wie der Sauerampfer grau werden, nur mit dem Messer sehr fein schneiden.

3/ Die Kräuter so lange immer wieder fein schneiden, dass sie fein genug sind, um einer durch den Mixer gejagten Kräutermelange in Sachen Feinheit Konkurrenz machen zu können. Der Vorteil des Schneidens ist, dass die Kräuter authentisch ihren Eigengeschmack an das Quark-Sauerrahmgemisch abgeben und keine Bitternoten entfalten. Mit Salz, Pfeffer, Senf, Meerrettich, Zitronensaft und nicht zu knapp Zucker wird die Grüne Soße harmonisch und rund abgeschmeckt.

4/ Stellen Sie die Grüne Soße am Vorabend her, damit sie mind. 18–24 Stunden Zeit hat durchzuziehen.

5/ Vor dem Servieren erneut abschmecken. Mit Pellkartoffel und gekochten, wachsweichen Eiern serviert, ist dieses Gericht tatsächlich ein Gedicht.

ZUTATEN

2 Pakete Grüne Soße Kräuter
250 g Quark (40 % Fett)
250 g saure Sahne
Zitronensaft
Ca. 1 TL Salz
Ca. ¼ TL Pfeffer
Ca. 1 TL Zucker
Ca. 1 TL Senf
Ca. ½ TL Meerrettich

ANDRÉ GROẞFELD, VILLA MERTON

Grüne Soße Mousse »Gourmet Style« mit Tafelspitzsülzchen

André Großfeld ist Koch aus Leidenschaft. Sein Küchenstil ist kreativ, leidenschaftlich und regional geprägt. Sein Credo lautet: »Konzentration auf das eigentliche Produkt.« Sein Ziel ist es, seinen Gästen Essen auf höchstem Niveau mit wenig Chichi zu servieren.

ZUTATEN

200 g Grüne Soße Kräuter
200 g Schmand
200 g Sahne
3 Blatt Gelatine
Salz, Zucker, Pfeffer, Meerrettich, Senf, Essig – zum Würzen und Abschmecken

GRÜNE SOẞE MOUSSE

1/ Grüne Soße Kräuter mit Schmand, etwas Senf und Meerrettich fein zu einer Mousse pürieren.
2/ Auf 250 g Mousse 3 Blatt Gelatine zugeben und einarbeiten.
3/ Sahne steif schlagen und unterheben.
4/ Die Mousse mit Salz, Pfeffer und Zitrone abschmecken und für eine Stunde in den Kühlschrank stellen, dann mit Tafelspitzsülze servieren.

TAFELSPITZSÜLZCHEN

1/ Den Tafelspitz in kochendes Wasser geben. Dann etwa eine Stunde knapp unter dem Siedepunkt köcheln lassen.

2/ Wenn das Fleisch fast weich ist, gibt man die geschälten Karotten und den geschälten Sellerie dazu. Das Gemüse ruhig im Ganzen in die Suppe geben. Die Zwiebel mit Schale, nur halbiert dazugeben und alles weitere 45 Minuten garkochen.

3/ Die Suppe mit Salz, Pfeffer, Lorbeer, etwas Koriander und Wacholder würzen.

4/ Das fertig gegarte Gemüse und den Tafelspitz in Scheiben schneiden und abwechselnd in eine Form legen (Fleisch - Gemüse - Fleisch - Gemüse usw.).

5/ Nun 500 ml der Brühe absieben, mit Essig und Zucker würzen. Auf einen halben Liter Brühe 9 Blatt Gelatine geben.

6/ Den nun fertigen Sülzenstand über das geschichtete Fleisch und Gemüse geben und für 5 Stunden kalt stellen. Danach mit der Grünen Soße servieren.

ZUTATEN
TAFELSPITZ

500 g Tafelspitz
200 g Karotten
200 g Sellerie
1 Zwiebel
9 Blatt Gelatine
Salz, Pfeffer, Lorbeer, etwas Koriander und Wacholder zum Würzen

TIPP: Wenn man den Geschmack im Fleisch haben möchte, Fleisch in kochendes Wasser geben; wenn man aber den Geschmack in der Brühe haben möchte, dann setzt man das Fleisch mit kaltem Wasser an.

TIPP: Der Fond muss richtig kräftig sein, da er während des Erkaltens an Geschmack verliert.

DETLEF KÖHLER, THEATERGRÜNESOßE

Grüne Soße bühnenreif

Detlef Köhler gehört seit bald vier Jahrzehnten zum Theater-Team. Geschäftsführung, Bühnenbild, Regie und viele Funktionen mehr. Grüne-Soße-süchtig sei er geworden, »weil sie immer zu allem passt, leicht und insgesamt eine dieser unverwechselbaren Frankfurter Originale ist, für die man diese Stadt lieben muss«, sagt der Theatermacher.

GRÜNE SOßE BÜHNENREIF

ZUTATEN

Ein Paket »Grüne Soße«
1 Becher saure Sahne
1 Becher Naturjoghurt
2 Esslöffel Mayonnaise
1 Teelöffel Senf
Etwas Zitronensaft
Pfeffer und Salz

1/ Die Kräuter waschen, entstielen und sehr fein schneiden oder mit dem Mixer (nur kurz, sonst werden die Kräuter bitter) zerkleinern.
2/ Saure Sahne, Joghurt, Mayonnaise, Senf, Zitronensaft, Salz & Pfeffer miteinander zu einer Soße verrühren.
3/ Die Kräuter und die Soße miteinander vermengen und eine Stunde ziehen lassen.

Detlef Köhler ist Vegetarier und isst die Frankfurter Grüne Soße am liebsten zu Spargel oder guten Pellkartoffeln.

HORST KRÄMER, GEMÜSEBAU & HOFLADEN

Grüne Soße-Vinaigrette, geräucherte Forelle & Kartoffelsalat

Die Grüne Soße ist ein so geschmackvolles, gesundes und vielseitig einsetzbares Gericht, dass es auch über die hessische Landesgrenze hinaus immer mehr Liebhaber findet«, davon ist der Oberräder Ortslandwirt Horst Krämer überzeugt. Horst Krämer stellt ein altes Familienrezept vor, das mit seinen Zutaten an das Ur-Rezept der Kochbuchautorin Wilhelmine Rührig erinnert.

ZUTATEN

1 kg Pellkartoffeln, vorwiegend festkochend
2 TL Senf, mittelscharf
3 TL Zucker, je nach Geschmack
100 ml Gurkenflüssigkeit
50 ml Weinessig
100 ml Distel- oder Sonnenblumenöl
2 EL Sauerrahm
1 Apfel, säuerlich
→

KARTOFFELSALAT

1/ Kartoffeln waschen, kochen, abgießen und noch heiß pellen.
2/ Lauwarme Kartoffeln in feine Scheiben schneiden.
3/ Apfel schälen und in feine Stifte schneiden.
4/ Gewürzgurken und Zwiebeln in kleine Würfel schneiden.
5/ Aus Senf, Gurkenflüssigkeit, Weinessig und wahlweise Distel- oder Sonnenblumenöl eine Vinaigrette anrühren, nach Gusto mit Zucker abschmecken.

6/ Soße unter die noch warmen Kartoffeln mischen.
7/ Mit Pfeffer, Salz, Sauerrahm und etwas Brunnenkresse abschmecken und mit fein gehacktem Schnittlauch – aus Oberrad – garnieren.

4 mittelgroße Gewürzgurken
1 große Zwiebel
Etwas feingehackter Schnittlauch
1 Bund Brunnenkresse
Pfeffer und Salz

GRÜNE SOßE-VINAIGRETTE

ZUTATEN

1 Paket grüne Soße
Weißweinessig, Sonnenblumenöl, Salz, Zucker, Senf

1/ Kräuter der Grünen Soße sehr fein hacken.
2/ Aus Weißweinessig und Sonnenblumenöl mit etwas Senf, Zucker und Salz eine Vinaigrette herstellen.
3/ Die Kräuter unterziehen.

RAUCHFORELLENFILET

ZUTATEN

4 Rauchforellenfilets

FÜR DIE DEKORATION:

4 Eier, diese werden hart gekocht, gepellt und halbiert.
Eiweiß und Eigelb trennen, die Eigelbe hacken.
1 EL Forellenkaviar, alternativ Lachsschnitzel

1/ Die Forellenfilets in Aluminiumfolie einwickeln und im Ofen kurz erwärmen.
2/ Kartoffelsalat in der Mitte des Tellers als Sockel anrichten.
3/ Das Forellenfilet auf den Kartoffelsalat anrichten, mit der Kräutervinaigrette begießen und mit dem gehackten Eigelb bestreuen. Das Eiweiß daneben stellen und mit dem Forellenkaviar füllen.
4/ Dazu empfehle ich warmes Bauernbrot und einen trockenen Chardonnay.

GRÜNE SOßE AUS HESSEN

Hessen isst grün

Wussten Sie, dass ungefähr bei Alsfeld der Dill-Äquator verläuft? Nördlich davon kommen Dill und Zitronenmelisse mit in die Grüne Soße. In Frankfurt ein Unding. Dass man in Mittelhessen Kopfsalat unter die Grüne Soße schnippelt, wie Julius Wagner verrät, oder dass im Odenwald die Grüne Soße eine Schnittlauchsoße auf Basis einer Mehlschwitze ist? Innovative Köche rollen die Grüne Soße, wie Christoph Brand, Chef bei den Fliegenden Köchen und Tourkoch bei namhaften deutschen Künstlern wie Tim Bendzko. Andere kreieren daraus einen Cocktail, wie der Bad Vilber Barchef Tim Wegge, oder ein Sorbet wie Apfelwein-Sommelier Michael Stöckl.

JULIUS WAGNER, VORSITZENDER DES VORSTANDES
STIFTUNG KLOSTER EBERBACH

Wagners Grüne Soße mit Tafelspitz & Pellkartoffeln

Grüne Soße mit Dill und Kopfsalat! Julius Wagner verrät ein echtes Familienrezept. Das stammt von seiner Großmutter Hilde aus Haiger, die bereits in den 1930er Jahren Hauswirtschaftslehrerin war. Sein Vater war derjenige der drei Kinder, der ihr schon als Kind in den Kochtopf guckte. »Er entwickelte Omas Küchentradition fort, genau wie unsere Grüne Soße. Kochen bedeutet bei uns in der Familie viel, und Oma Hilde kocht gedanklich immer mit.«

ZUTATEN (FÜR 8–10 PERSONEN)

2 kg Tafelspitz
1 Päckchen Wurzelgemüse
3 Liter Brühe/Wasser

TAFELSPITZ

1/ Tafelspitz mit Wurzelgemüse in kochendes Wasser/Brühe geben und ca. 2,5 Stunden garen.

2/ Währenddessen die Grüne Soße zubereiten.

GRÜNE SOßE

1/ Schmand, Crème fraîche, saure Sahne sowie einen Becher Joghurt mit Kräuteressig und Sonnenblumenöl verrühren.
2/ 1 Tasse Brühe und Salz zufügen.
3/ Alle Kräuter entweder mit dem Wiegemesser oder einem sehr scharfen Messer klein hacken oder fein schneiden (nicht pürieren!) und unter die Soße heben.
4/ 1–2 Köpfe Salat pürieren und anschließend dazugeben und unterrühren.
5/ Den Tafelspitz (am besten mit dem Elektromesser) in Würfel schneiden (etwa in der Größe handelsüblicher Spielewürfel) und zur Soße geben, unterheben.

PELLKARTOFFELN

Kochen, schälen und zur Soße servieren.

ZUTATEN

250 g Magerquark
1 Becher Schmand
1 Becher Crème fraîche
1 Becher Joghurt
1 Becher saure Sahne
3 EL Kräuteressig
4 EL Sonnenblumenöl
1 Tasse Brühe
1 TL Salz

Die Kräuter:
Dill (6–8 Bund)
Petersilie (4–6 Bund), unbedingt krause Petersilie verwenden!
Schnittlauch (8 Bund)
Gartenkresse (2 Schälchen)
Borretsch (5–8 Blatt)
2 Köpfe Kopfsalat

Pellkartoffeln
2 kg kleine Kartoffeln (Drillinge)

CHRISTOPH BRAND, DIE FLIEGENDEN KÖCHE

Gerollte Grüne Soße mit pochiertem Ei

Als Koch hat Christoph Brand die Welt kennengelernt, von Südamerika bis Thailand, ist heute mit namhaften Musikern und Künstlern auf Tournee. Die Heimat Hessen bedeutet ihm gerade deswegen sehr viel. Fritzlar ist für ihn und seine Familie der Lebensmittelpunkt. »Einen Ort zu haben, den man »Zuhause« nennen kann, ist für mich Gold wert. Nach Hause zu kommen, ist ein großartiges Gefühl.« Logisch, dass der kulinarische Grenzgänger, der seinen avantgardistischen Kochstil als »hessisch-asiatisch-mediterran« mit Affinität fürs Grillen bezeichnet, aber auch mit Produkten seiner Heimat wie der »Ahle Wurst«, Grüner Soße oder »Weckewerk« genussvoll experimentiert.

ZUTATEN

100 g Schmand
100 g Frischkäse
200 g Sahnejoghurt
1 Bund/Packung Grüne Soße-Kräuter, gewaschen
1 kleine Zwiebel, geschält und sehr fein gewürfelt
1 TL Senf
Abrieb und Saft von 1 Zitrone
½ TL Zucker
→

GEROLLTE GRÜNE SOẞE

1/ Die Kräuter nicht zu fein mitsamt den Stängeln schneiden.

2/ Mit dem Schmand, Frischkäse, dem Joghurt, Senf, dem Zitronenabrieb und Saft glattrühren.

3/ Ich persönlich mag es gern ein bisschen süßer, sprich ein bisschen mehr Zucker, und dann mit Pfeffer und Salz abschmecken.

4/ Die Gelatine in kaltem Wasser einweichen und dann ohne dass sie kocht, erhitzen.
5/ Mit der Grünen Soße verrühren, gleichmäßig auf den 2 Wraps verstreichen, den Kopfsalat darauf zupfen und sofort alle Wraps eng aufrollen und in Folie einpacken.
6/ Die Wraps für 1 Stunde in den Kühlschrank packen.
7/ Kurz vor dem Servieren die Wraps auspacken, in vier Stücke schneiden und zusammen mit dem pochierten Ei und den gezupften Kräutern auf Tellern anrichten.

2–3 Blatt Gelatine
8 Blätter gewaschenen Kopfsalat
2 große Weizenwraps

POCHIERTES EI

1/ 1 Liter Wasser mit einem sehr gutem Schuss Essig und Salz zum Kochen bringen.
2/ Mit Hilfe eines Schneebesens einen Strudel im Wasser erzeugen und dann das aufgeschlagene Ei gezielt in die Mitte des Strudels laufen lassen.
3/ Nach ca. 2 Minuten das Ei vorsichtig mit einer Schaumkelle herausnehmen und auf ein gebuttertes Blech legen, bis nach und nach alle 4 Eier pochiert sind.

ZUTATEN

4 Eier
Essig
Salz
Ein paar gezupfte Kräuter für die Optik

REINER NEIDHART, NEIDHARTS KÜCHE

Remoulade mit den Kräutern der Frankfurter Grünen Soße

Bekannter Fernsehkoch mit Hut, seinem Markenzeichen, unterhaltsamer Gast bei diversen Kochshows oder unterwegs mit seinem Gourmet-Mobil auf Genusstour, gefragter Koch für hochkarätige Events von der Grünen Woche in Berlin bis zum Ball des Sports in Wiesbaden – Reiner Neidhart steht für eine exklusive Küche mit regionalen Wurzeln.

ZUTATEN

½ Paket Grüne Soße-Kräuter
150 ml Sahne
4 Eigelbe
350 ml kaltgepresstes Rapsöl
1 EL Apfelessig
1 EL Senf
½ TL Honig
¼ Salatgurke, gewürfelt
¼ Apfel
½ TL Meerrettich
Salz, Pfeffer zum Würzen

REMOULADE

1/ Sahne aufkochen und erkalten lassen.
2/ Die Kräuter waschen, zupfen und trocken schleudern. Schnittlauch herausnehmen und später klein geschnitten verwenden.
3/ Die Kräuter fein schneiden. Die Gurke und den Apfel würfeln.
4/ Die eine Hälfte der Kräuter mit der erkalteten Sahne mixen.
5/ Die Eigelbe (für die hausgemachte Mayo) mit einem Stabmixer aufschlagen und das Rapsöl nach und nach dazugeben.
6/ Kräutersahne, hausgemachte Mayo und den Rest der Kräuter miteinander mischen.

7/ Honig sowie Salatgurken- und Apfelstückchen unterheben.
8/ Remoulade pikant würzen.

Passt zu Fischgerichten wie Tatar von der Lachsforelle oder roh mariniertem Fisch. Kalbs- oder Rindertatar mit Kapern, zu pochiertem Tafelspitz. Wunderbar auch zu Gemüse- und Getreideburger mit Spitzkohlsalat.

GEBACKENES TATAR VON DER LACHSFORELLE

ZUTATEN

4 Frühlingsrollenblätter, 16 x 16 cm
200 g Lachsforellenfilet
1 Schalotte
1 EL Schmand
1 Eigelb
½ EL Semmelbrösel
1 Bund Schnittlauch
Salz, Pfeffer
1 Eiweiß
Rapsöl, zum Frittieren

1/ Die Schalotte in kleine Würfel und den Schnittlauch fein schneiden.
2/ Mit dem Schmand, Eigelb, Semmelbrösel mischen und pikant abschmecken.
3/ Die Ränder mit dem angeschlagenen Eiweiß bestreichen. Das Tatar auf den Teigblättern in der Mitte platzieren, die Ränder hochklappen und fest andrücken.
4/ Im Rapsöl kurz frittieren und mit der Remoulade von Grüner Soße servieren.

→

ZUTATEN

½ Paket Grüne Soße-Kräuter
1 Paket Kresse
4 Stiele Blattpetersilie
2 Schalotten
2 EL Rapsöl
100 ml Apfelwein
400 ml Sahne
400 ml Brühe
Salz, Pfeffer, Muskat

SUPPE VON DEN FRANKFURTER GRÜNE SOßE-KRÄUTERN & EI IM »ENGELSHAAR-NEST«

1/ Schalotten schälen, klein schneiden und im Öl glasig dünsten.
2/ Mit dem Apfelwein ablöschen und einkochen.
3/ Mit der Sahne und Brühe auffüllen, etwas einkochen lassen.
4/ Die feingeschnittenen Kräuter, Kresse und die Blattpetersilie mit der Suppe pürieren.
5/ Passieren und gut abschmecken.

GEBACKENES EI IM »ENGELSHAAR-NEST«

1/ Das Eigelb vom Eiweiß trennen.
2/ Die Eigelbe anschließend auf einem Blech einfrieren.
3/ Die Eiweiße aufschlagen.
4/ Das gefrorene Eigelb melieren, durch die geschlagenen Eiweiße ziehen und mit dem Kataifiteig umhüllen.
5/ Das »Ei im Nest« noch einmal einfrieren, danach im heißen Öl ausbacken.
6/ Zum Schluss in den Suppenteller legen und mit der Suppe angießen.

ANMERKUNG: Kataifi-Teig wird gesponnen. Dafür braucht man ein heißes Metallrad. Der Teig wird auf dieses Rad »gespannt«. Während sich das Rad dreht, wird der Teig gebacken. Kataifi-Teig selbst herzustellen, ist sehr aufwendig, denn es braucht nicht nur das Teig-Rad, sondern auch viel Erfahrung, um gleichmäßig dünne Fäden »zu spinnen«. Deswegen sollte man den Teig besser fertig kaufen.

ZUTATEN

2 EL Mehl
4 Eier
150 g Kataifiteig (Engelshaar), gibt es bei jedem türkischen oder griechischen Lebensmittelhändler fertig zu kaufen. Den Teig gibt es in einer süßen, aber auch salzigen Variante
½ l Rapsöl

ANNETTE KREILING, KREILINGS SOMMERGARTEN & GOURMET-SERVICE

Vegane Kartoffelcreme mit den sieben Kräutern

Annette Kreiling ist Chefin von gleich drei gastronomischen Betrieben: dem Kreilings Sommergarten in Bad Vilbel, dem Bistro in der Keltenwelt auf dem Glauberg und des Catering-Unternehmens Kreilings Gourmet Service. Sie ist der traditionellen Küche ihrer Heimat, der Wetterau und dem Vogelsberg, verbunden, nimmt sich aber auch gern die Freiheit, traditionelle Gerichte wie den Handkäs als kreatives Trio neu zu interpretieren oder hessische Gerichte wie die vorgestellten vegetarisch oder vegan aufzupeppen.

VEGANE KARTOFFEL-CREME MIT DEN SIEBEN KRÄUTERN

1/ Kartoffeln schälen und 30 Minuten in Salzwasser kochen.
2/ Danach Wasser abgießen und die Kartoffeln abkühlen lassen.
3/ Die Kräuter waschen und mit einem sehr scharfen Messer sehr fein hacken.
4/ Die abgekühlten Kartoffeln mit dem Kartoffelstampfer oder einer Gabel zerdrücken.
5/ Die restlichen Zutaten zugeben und alles gut vermischen.
6/ Mit Salz und Pfeffer abschmecken.

ZUTATEN

500 g Kartoffeln
50 g Frankfurter Grüne Soße Kräuter
100 g Sojajoghurt
1 EL Senf, mittelscharf
100 ml Oliven- oder Rapsöl
Salz und Pfeffer, nach Geschmack

TIPP: Schmeckt als Brotaufstrich oder auch warm als Beilage.

SIEBEN-KRÄUTER-FRISCHKÄSE

Die Kräuter waschen und mit einem sehr scharfen Messer sehr fein hacken.
Restliche Zutaten zugeben und gut vermengen.
Mit Salz und Pfeffer abschmecken.
→

ZUTATEN

200 g Doppelrahm-Frischkäse
50 g Schmand
50 g Frankfurter Grüne Soße Kräuter
1 TL Senf, mittelscharf
Salz und Pfeffer, nach Geschmack

ZUTATEN

2 Dosen Kichererbsen
1 Zwiebel, fein gehackt
1 EL Koriander
2 TL Kreuzkümmel
1 TL Kurkuma
½ TL Salz
½ TL Pfeffer
2 TL Zitronensaft
75 g (Haferflocken-) Mehl

FALAFEL-BÄLLCHEN

1/ Kichererbsen abtropfen lassen und mit dem Pürierstab fein zerkleinern.
2/ Zwiebeln in sehr feine Würfel schneiden und zu den Kichererbsen geben.
3/ Restliche Zutaten zugeben und gut vermengen.
4/ Kleine Bällchen formen und auf ein mit Backpapier ausgelegtes Blech legen.
5/ Im Ofen bei 200°C für 15–20 Minuten backen.

GEFÜLLTE CHAMPIGNONS

1/ Die Champignons waschen, das Stielende ca. 2 mm dick abschneiden. Anschließend die Stiele abtrennen.
2/ Mit dem Kugelausstecher vorsichtig die Lamellen entfernen und den Pilzhut noch etwas weiter aushöhlen. Pilzhüte für später aufheben.
3/ Stiel, Lamellen und Pilzstücke vom Aushöhlen in feine Würfelchen schneiden.
4/ Zwiebel fein würfeln.
5/ Olivenöl in einer Pfanne heiß werden lassen und Zwiebel darin anbraten.
6/ Die feinen Pilzstücke hinzufügen und kurz mit anbraten, abkühlen lassen und zum Frischkäse geben.
7/ Die Masse mit einem Teelöffel vorsichtig in die Pilzhüte füllen.
8/ Die gefüllten Champignons auf ein Blech legen und bei 160°C ca. 15 Min. im Ofen überbacken.

ZUTATEN

8 große Champignons
1 Zwiebel
1 TL Olivenöl
200 g vom Sieben-Kräuter-Frischkäse

STEFAN LANG, WIRTSHAUS TANNENHEIM

Grüne Soße klassisch & Tafelspitz

Tradition trifft Moderne: Stefan Lang hat das »Tannenheim«, seit 1930 beliebte Einkehr am Sandplacken, aus seinem Dornröschenschlaf erweckt. Das von namensgebendem Tannenwald umgebene, gänzlich neu eingerichtete Wirtshaus besticht durch rustikale Eleganz. Die Küche ist klar ausgerichtet: regional mit dem Blick auf hessische Spezialitäten. So kommen die Forellen fangfrisch vom nahen Forellengut Herzberger. Das Wild kommt von regionalen Jägern rund um den Sandplacken. Grüne Soße ist ein »Signature Dish« im neuen »Wirtshaus Tannenheim« ...

ZUTATEN

1,2–1,5 kg Tafelspitz, den man vorzugsweise beim heimischen Metzger kauft
2–3 l Wasser
5 g Salz pro Liter Wasser
1 große Metzgerzwiebel oder 2–3 kleine Zwiebeln
Gewürze wie Lorbeer, Wacholder, Pfeffer, Piment, Nelke

TAFELSPITZ

TIPP: Für ein intensiveres Aroma die Schnittflächen der Zwiebeln scharf anbraten!

1/ Die Gewürze anrösten oder grob zerstoßen.
2/ Wasser zum Kochen bringen, dann die Hitze reduzieren.
3/ Tafelspitz im Wasser versenken – er sollte darin schwimmen können
4/ Zwiebel und Gewürze dazugeben.
5/ Ab jetzt sollte der Tafelspitz nur noch leicht vor sich hin blubbern, nicht sprudelnd kochen. In der

Regel beträgt die Garzeit zwischen 1,5–2,5 Stunden.
6/ Stechtest mit Fleischgabel machen. Wenn das Fleisch hochschwimmt, ist es meist entweder fertig oder es ist nicht mehr lange bis dahin.
7/ Es empfiehlt sich, den Sud weiter zu verwenden, sei es für Suppe, Eintopf oder Soßen.

GRÜNE SOßE

1/ Die Kräuter fein hacken.
2/ Gewürzgurken und Eier zerkleinern, anschließend alles miteinander vermengen.

ZUTATEN

1 Rolle Grüne Soße-Kräuter, natürlich aus Oberrad
600 g Quark
400 g Schmand
1 EL Senf
4 gekochte Eier
4–5 mittelgroße Gewürzgurken
3 EL vom Einlegefond
Salz, Pfeffer

SCHNELL-TIPP:
Kräuter mit etwas hochwertigem Öl und max. 2–3 Löffeln vom Quark oder Schmand mit dem Zauberstab mixen. Eier & Gurken können auch mitgemixt werden, das Ergebnis ist dann weniger stückig. Achtung! Je feiner gemixt, desto flüssiger wird die Grüne Soße, zu der man anschließend natürlich die restlichen Zutaten gibt und unterhebt.

KÖSTLICHE ALTERNATIVE ZUM KLASSISCHEN TAFELSPITZ:

ROSA GEGARTER TAFELSPITZ AUS DEM OFEN

Dazu wird das Fleisch rundum gesalzen, scharf angebraten und im Ofen bei max. 120°C auf ~55°C im Kern gegart (ein entsprechendes Temperatur-Messgerät empfiehlt sich an dieser Stelle von selbst).

PETER & CAROLA MERKEL, ODENWALDGASTHAUS DORNRÖS'CHEN

Odenwälder Schnittlauchsoße mit Kürbis-Wedges

Peter Merkel ist Gastgeber, Küchenchef und engagierter Apfelwein-Kelterer und -Kenner. Heimatliebe, Apfelwein und Produkte aus der Nähe seines gemütlichen Gasthauses sind die Zutaten für seine gutbürgerliche Küche. Die immer gut gelaunte Gattin Carola ist Konditorin und für die süßen Verführungen aus der Dornrös'chen Backstube und Patisserie zuständig. Traditionsbewusst steuern die beiden ihr Familienrezept für die klassische Odenwälder Schnittlauchsoße diesem Buch bei.

ZUTATEN

200 g Joghurt
200 g Schichtkäse
100 g Mayonnaise
4–5 Bund Schnittlauch
Saft einer ½ Zitrone
Salz, Pfeffer, zum Würzen
Optional: ½ Zehe Knoblauch

SCHNITTLAUCHSOßE

1/ Schichtkäse mit etwas Mineralwasser glattrühren.
2/ Anschließend mit Joghurt und Mayonnaise verrühren.
3/ Schnittlauch in kleine Röllchen schneiden und unterheben.
4/ Zitrone auspressen, Schnittlauchsoße mit Zitronensaft nach eigenem Gusto abschmecken.
5/ Wer mag, presst ½ Knoblauchzehe in die Odenwälder Schnittlauchsoße.

KÜRBIS-WEDGES

1/ Den Ofen auf 190°C (Umluft) vorheizen.
2/ Den Kürbis entkernen und in Spalten/ Wedges schneiden (mindestens daumendick).
3/ Die Kürbisspalten in einer großen Schüssel mit den Gewürzen und dem Öl vermengen.
4/ Danach auf einem mit Papier ausgelegten Backblech verteilen und auf der mittleren Schiene bei 180 Grad knapp 20 Minuten backen.
5/ Dazu serviert man im Odenwaldgasthaus Dornröschen die klassische Schnittlauchsoße als Dip.

ZUTATEN

1 kleiner Hokkaido-Kürbis
4 EL Öl
2 TL Paprikagewürz
2 TL Salz
1 TL schwarzen Pfeffer
1 Prise Zucker

INGRID SCHICK

AUS DEM KOCHBUCH MEINER OMA CHARLOTTE

Grüne Soße 1931

Zu Zeiten meiner Oma gab es noch keine abgepackten Grüne Soße-Kräuter. Sie hat in die Soße geschnippelt, was in ihrem Kräutergarten wuchs: Petersilie, Kerbel, Schnittlauch, Dill, Borretsch, Spinat, grüne Salatblätter, junge Radieschen und deren Blätter, Sellerieblätter. Für ein ausgewogenes Geschmackserlebnis sollte eine Kräuterart nicht mit mehr als 30 Prozent vertreten sein. Zudem dient eine Mehlschwitze als Grundlage für diese Grüne Soße ...

ZUTATEN

Um eine Mehlschwitze herzustellen, die ausreicht, um einen halben Liter Flüssigkeit anzudicken, werden folgende Zutaten benötigt:

30–40 g Mehl
30–40 g Butter
½ l Milch

Kräuter aus dem Kräutergarten
→

GRÜNE SOßE 1931

1/ Alle Kräuter mit einem Messer sehr fein schneiden, meine Oma hat diese durch den Fleischwolf gedreht, was mir persönlich aber gar nicht gefällt – weder geschmacklich noch im Mundgefühl.

2/ Butter bei schwacher Hitze in einem Topf zerlassen.

3/ Geschmolzene Butter mit Mehl bestäuben und unter ständigem Rühren 2–3 Minuten anschwitzen, bis eine cremige und glatte Masse entsteht.

4/ Für einen hellen Soßenansatz sofort nach dem Anschwitzen der Mehlbutter Flüssigkeit mit einem Schneebesen einrühren und unter ständigem Rühren aufkochen.

5/ Die Soße abkühlen lassen, dann den Quark, Senf, Essig, Zucker und etwas Maggi unterrühren.

6/ Zum Schluss die fein gehackten Eier und die Kräuter unterheben.

2 EL Quark
1 TL Senf
1 EL Essig
½ TL Zucker
1–3 Spritzer Maggi
2 Eier, hart gekocht, klein gehackt
Pfeffer und Salz, zum Abschmecken

Man reicht die Soße zu Fischgerichten oder Pellkartoffeln, so hat es meine Oma in ihrem Kochbuch von 1931 notiert.

Die Zutatenmenge lässt sich variieren, um die Eigenschaften der Soße gezielt zu steuern. Wenn die Soße dick und sämig werden soll, verwendet man 40 g von beiden Grundzutaten, für eine leichte Soße reichen 30 g aus. Für eine klassische Einbrenne rechnet man 30 g Fett und 30–40 g Mehl auf ½ Liter Flüssigkeit. Für die Grüne Soße-Basis sollte man die doppelte Menge bereithalten und je nachdem, wie dick die Basis für die Grüne Soße werden soll, verwenden.

MICHAEL STÖCKL, CIDER WORLD

Sorbet von den Kräutern der Frankfurter Grünen Soße

Michael Stöckl ist in und mit der Gastronomie aufgewachsen. Nach seiner Ausbildung zum Restaurantfachmann verfeinerte er sein gastronomisches Know-how im Schlosshotel Kronberg, volontierte beim Weingut Dr. Baumann. 1998 übernahm er den elterlichen Betrieb, absolvierte parallel die Deutsche Wein- und Sommelierschule. Als Deutschlands erster Apfelwein-Sommelier hob er 2008 die Apfelweinmesse in Frankfurt aus der Taufe. »Über keine Soße wird so viel philosophiert und gestritten wie über die Frankfurter Grüne Soße. Es gibt nur ein Produkt, das Hessen noch mehr polarisiert: Apfelwein«, weiß Stöckl.

SORBET VON DEN KRÄUTERN DER FRANKFURTER GRÜNEN SOẞE

ZUTATEN

200 ml Wasser
100 ml Weißwein
60 ml Zitronensaft
1 Blatt Gelatine
60 g Grüne Soße Kräuter

1/ Wasser mit Weißwein und Zucker aufkochen.
2/ Darin die in kaltem Wasser eingeweichte Gelatine auflösen.
3/ Die Flüssigkeit abkühlen lassen.
4/ In der Zwischenzeit die Kräuter waschen und danach grob hacken.
5/ Mit etwas von der abgekühlten Flüssigkeit pürieren.
6/ Anschließend Zitronensaft zur restlichen Flüssigkeit dazugeben.
7/ Diese durch ein Sieb streichen und mit den pürierten Kräutern vermischen.
8/ In der Eismaschine cremig frieren. Wer keine Eismaschine hat, kann das Sorbet in eine Metallschüssel geben und in den Tiefkühlschrank stellen. Dort muss das Sorbet häufig mit einem Schneebesen oder Handmixer umgerührt werden, damit es eine cremige Konsistenz bekommt.

TIM WEGGE, GENUSSERIE & GENÜSSCHEN

Green Sauce Vilbel Smash

Tim Wegge ist ein Entrepreneur der Genussszene – nicht nur in Bad Vilbel. Hier ist er Chef in der Genusserie, die zu Deutschlands 50 besten Bars gehört, sowie der Weinbar Genüsschen. Wegge ist Bartender aus Leidenschaft, seine ganz große Leidenschaft gilt dem Rum. In der Genusserie bietet er mit über 400 verschiedenen Sorten eine der größten Sammlungen Europas an und er kennt zu jedem einzelnen die Herkunft, die Geschichte und ein spezielles Cocktailrezept. Mehr als 270 Variationen sind auf der Karte zu finden.

GREEN SAUCE VILBEL SMASH

1/ Kräuter und Zitronensaft im Elektromixer zerkleinern.
2/ Shakerglas mit Eiswürfel füllen.
3/ Zerkleinerte Kräuter in Shakerglas geben, mit Gin, Zuckersirup, Holunderblütensirup und Holunderblütenlikör auffüllen.
4/ Zutaten gut mixen und dann ohne Eis in eine Cocktailschale mit einem leichten Salzrand abseihen.

ZUTATEN

Eine Handvoll Grüne Soße-Kräuter
4 cl frisch gepresster Zitronensaft
5 cl Bad Vilbeler Genuss-Gin
2 cl Zuckersirup
1 cl Holunderblüten Sirup
2 cl Holunderblüten Likör

INGRID SCHICK

Grüne Soße – das Lieblingsrezept der Autorin

Natürlich werde ich sehr oft nach meinem persönlichen »Lieblingsrezept« für die Grüne Soße gefragt. Bei der Zubereitung habe ich immer wieder mit Zutaten, Mengen und Techniken experimentiert, bis ich die für mich perfekte Grüne Soße – Geschmack und Konsistenz – komponiert hatte. Denn nichts ist für mich schlimmer, als ein Stück wunderbarer Tafelspitz, erdige Wetterauer Kartoffeln oder Eier von glücklichen Hühnern, die in einer dünnflüssigen grünen Tunke ertrinken.

ZUTATEN

1 Rolle Frankfurter Grüne Soße-Kräuter
2 Becher hessischen Schmand
1–2 TL Meerrettich
1–2 TL Senf
Saft einer halben Zitrone
Salz und Zitronenpfeffer zum Würzen
Optional: 1 Avocado

GRÜNE SOẞE

1/ Kräuter waschen, verlesen und vor allem die Petersilie entstielen.
2/ Kräuter mit einem sehr scharfen Messer sehr fein schneiden. So fein, dass ein Mus mit Biss entsteht.
3/ Schmand mit Meerrettich, Senf, Zitronensaft glattrühren.
4/ Kräuter dazugeben und unterheben.
5/ Optional: Wenn die Grüne Soße extra festen Stand bekommen soll, kann man eine halbe Avocado klein

schneiden, zerdrücken und unter die Grüne Soße rühren.

6/ Mit Salz und Pfeffer abschmecken.

HESSISCHES GRÜNE SOßE-PESTO

ZUTATEN (FÜR 2 MARMELADENGLÄSER)

1 Rolle Grüne Soße-Kräuter
50 g Walnusskerne
75 g Parmesan oder Bergkäse
1 Knoblauchzehe
200 ml Rapsöl
1 TL Salz
Schwarzer Pfeffer aus der Mühle

1/ Die Kräuter sehr fein wiegen oder schneiden.
2/ Die Walnusskerne zerkleinern.
3/ Knoblauchzehe schälen und mit etwas Salz zerdrücken.
4/ Alle Zutaten mit 100 ml Rapsöl vermengen.
5/ Die Zutaten in Gläser füllen und mit Rapsöl aufgießen. Das Pesto muss gut mit Öl bedeckt sein. Dann hält es etwa 2 Wochen im Kühlschrank.

GRÜNE SOẞE AUS WILDEN KRÄUTERN

Wildes Grün

Löwenzahn, Giersch, Spitzwegerich, Gänseblümchen, Brennnessel – das, was da ganz uneigennützig in unseren Gartenecken oder auf der Wiese wächst, kann nicht nur einen kulinarischen Hochgenuss bieten, sondern hält einen »Doppel-Wumms« an lebenswichtigen Vitaminen und Mineralstoffen für uns bereit. Schon das kleine Gänseblümchen enthält fünfmal so viel Calcium, sechsmal so viel Vitamin C wie Kopfsalat. Die kleine Brennnesselecke kann Lebensraum von Tagpfauenauge oder Kleinem Fuchs sein. Nebenbei dürfen wir hier Blätter für unsere Salate pflücken oder ein Gemüse kochen, das Spinat um Längen im Eisengehalt übertrifft.

Text: F. U. Pfuhl

BRENNNESSEL

Es gibt wohl kaum einen Menschen, der sich noch nicht an einer Brennnessel verbrannt hat. Und die soll man essen können? Ja – und es lohnt sich! Der fein säuerliche Geschmack erinnert an Spinat. Um die Brennnessel zum Verzehr vorzubereiten, werden die Blätter gewaschen, in ein feuchtes Tuch gewickelt und ordentlich gewrungen oder kurz in kochendem Wasser blanchiert. Dann verlieren die Brennnessel ihre Wirkung. Schmeckt in Suppe und Salat oder gekocht wie Spinat. Beim Sammeln Handschuhe nicht vergessen!

GÄNSEBLÜMCHEN

Aus Gänseblümchen lassen sich nicht nur schöne Kränze binden, ihre zarten Blätter und Blüten schmecken auch angenehm nussig im Salat oder auf einem Butterbrot. Blätter und Blüten ergeben frisch oder getrocknet einen gesundheitsfördernden Tee. Aber Achtung: größere Mengen Bellis perennis gelten als schwach giftig!

GIERSCH

Der Giersch ist eines unserer ältesten Wildgemüse. Als Unkraut im Garten treibt er Gärtner zur Verzweiflung, auf dem Teller ist er aber ein Genuss. Also: Essen statt ärgern! Denn Giersch ist eine wahre Vitamin- und Mineralstoff-Bombe, die auch viel Eisen enthält. In Geruch und Geschmack erinnert Giersch an eine Mischung aus Petersilie und Karotte. Dabei haben die ganz jungen, kaum entfalteten Blätter das feinste Aroma. Giersch schmeckt überall, wo auch Petersilie schmeckt, kann wie frischer Spinat zubereitet werden oder klein geschnitten Salate, Pesto, Suppe und Quark würzen.

GUNDERMANN

Der Gundermann ist ein aromatisches Würzkraut für sowohl pikante als auch süße Speisen und Getränke. Die Blätter des kleinen, krautigen Bodendeckers sind sehr aromatisch, sie riechen nach Minze oder Lakritze, wenn man sie zwischen den Fingern zerreibt. Wenig genügt – und schon schmecken die fein gehackten jungen Blätter und Triebe würzig in Milchprodukten wie Kräuterquark, in Suppen oder Salaten. Aus den langen Trieben lassen sich auch schöne Kränze winden. Die Blüten sind eine schöne essbare Dekoration.

KNOBLAUCHSRAUKE

Die Knoblauchsrauke, eine saisonale Spezialität, schmeckt mild nach Knoblauch und Kresse. Die Wurzel ist aromatisch scharf, ähnlich wie Meerrettich. Die gesamte Pflanze ist essbar. Als Rohkost in Salaten macht das Gewächs eine gute Figur, allerdings wohl dosiert. Dann erhalten Blatt- oder Kräutersalat durch sie einen wunderbaren Charakter. Zu empfehlen ist auch die Verarbeitung zu Pasten und Pesto.

LÖWENZAHN

Löwenzahn ist in anderen Ländern eine Kulturpflanze und wird dort als Gemüse gehandelt. Hierzulande findet man den Löwenzahn noch recht selten im Angebot. Die frischen Triebe und Blätter der Wildpflanzen schmecken nicht nur leicht nach Chicorée, sie enthalten auch eine große Menge an Vitaminen, Spurenelementen sowie Scharf-, Bitter-, Gerb- und Aromastoffe. Praktisch alles kann von der Pflanze verwendet werden: Die Wurzeln können getrocknet und zu Kaffee verarbeitet werden. Aus den jungen Blättern lassen sich leckere Salate zaubern. Aus den Blüten kann man Löwenzahnhonig machen und aus seinen – noch fest geschlossenen Knospen – lassen sich falsche Kapern herstellen.

SCHARBOCKSKRAUT

Als eines der ersten grünen Kräuter im Frühjahr mit hohem Vitamin-C-Gehalt nutzte die Landbevölkerung das leicht scharf schmeckende Scharbockskraut früher im Kampf gegen Skorbut. Im lichten Schatten von Obstwiesen taucht das Kraut schon mit den ersten Sonnenstrahlen auf. In kürzester Zeit grünt es und fängt an zu blühen. Sobald es blüht, ist die Zeit der Ernte aber vorbei, da sich dann Alkaloide bilden.

SCHAFGARBE

Die Blätter der Schafgarbe sehen aus wie Federn. In der Küche werden junge Blätter und Blüten des aromatischen, herben, etwas muskatnussartig schmeckenden Krautes verwendet – aber eher nicht pur essen! Schafgarbe ist ein klassischer Bestandteil der Gründonnerstagsuppe, zählt zu den ältesten uns bekanntesten Heilpflanzen. Es heißt, dass Achilles die Pflanze zur Wundheilung verwendet haben soll. Weil das Kraut auch hübsch aussieht (Augenbraue der Venus), eignet sie sich gut für Dekorationen.

SPITZWEGERICH

Ein klassisches Küchenkraut ist der Spitzwegerich nicht, aber aus seinen Blättern lässt sich ein wirksamer Sirup zur Linderung von Husten herstellen. Die jungen zarten Blätter mit champignonartigem Geschmack eignen sich auch als Beigabe zu Gemüse oder als essbare Dekoration. Die Wurzeln kann man mit anderem Gemüse als Füllung von Teigtaschen und herzhaften Strudeln verwenden.

VOGELMIERE

Dieses zarte Kraut wächst, sobald die ersten Sonnenstrahlen das Thermometer auf einige wenige Grade über Null klettern lassen. Bei einem Geschmackstest denkt man sofort an jungen

Mais. Die knallgrüne Farbe setzt optische Akzente in Salaten. Vogelmiere schmeckt aber auch in Suppen, Kräuterquark und Pesto. Schon 50 Gramm decken den Vitamin-C-Tagesbedarf eines Erwachsenen!

TIPP: Durch das gestiegene Interesse an Wildkräutern kann man mittlerweile Samen und Saatgut für den Anbau im eigenen Garten auch in der Gärtnerei kaufen oder im Pflanzenversand bestellen, beispielsweise hier:

www.bingenheimersaatgut.de
www.essbare-landschaften.de
www.wildkraeutergarten.de
www.wilde7.de
www.naturkraeutergarten.de

FRANK UWE PFUHL, NABU UMWELTWERKSTATT WETTERAU

Grüne Soße von der Wiese

Mit Löffel, Messer und Gabel die Umwelt schützen, das ist eines der vielen Anliegen von Frank Uwe Pfuhl. Denn was man gern isst, das schützt man, so die Gleichung des engagierten Natur- und Umweltschützers. Aus dem ehemaligen Bauerngarten an seinem Haus in der Wetterau-Gemeinde Assenheim haben er und seine Familie ein Refugium für selten gewordene Arten aus Flora und Fauna sowie einen Erholungsort für Familie und Freunde gemacht. Warum also wilde Kräuter im Garten auf die eine oder andere Art vernichten, wenn man sie zu einer köstlichen Grünen Soße verarbeiten kann?

GRÜNE SOSSE VON DER WIESE

1/ Die Kräuter vorsichtig waschen.
2/ Brennnesseln kurz mit heißem Wasser übergießen und 5 Minuten stehen lassen.
3/ Anschließend alle Kräuter klein schneiden.
4/ Schnittlauch in kurze Röhren schneiden.
5/ Die Zwiebel halbieren und in kleine Stifte schneiden.
6/ Die Zutaten fürs Dressing verrühren.
7/ Saure Sahne dazugeben und mit Salatkräutern vermischen.
8/ 10 Minuten ziehen lassen, danach servieren.

TIPP: Übrigens können auch alle anderen Salate mit diesen Wildkräutern und Blüten verfeinert werden.

ZUTATEN

1 Handvoll junge Brennnesseln
1 Tasse Gänseblümchen
1 Tasse junger Giersch
1 Handvoll Gundermann
20 Köpfe Löwenzahn (von kleinen Pflanzen)
1 Handvoll Sauerampfer
1 Bund Schnittlauch
1 Handvoll Spitzwegerich-Knospen
1 Zwiebel
1 Becher saure Sahne
1–2 EL Öl
1–2 EL Apfelessig
Kräutersalz, Pfeffer, Zucker, Salz zum Würzen

SIBYLLE HASLER, KRÄUTER- & NATURSCHULE

Gefüllte Eier mit Wiesenkräutern

Sibylle Hasler ist Erzieherin, Umweltpädagogin und hat eine Heil- und Wildkräuterausbildung absolviert. Seit mittlerweile mehr als 30 Jahren beschäftigt sie sich mit Heilpflanzen und deren Verwendung in der Küche, für Gesundheit und Wellness. Ihr 600 m^2 großer Naturgarten in Ruppertshain und die unmittelbare Nähe zu Wiesen und Wäldern im Taunus bieten dafür das ideale, naturnahe Umfeld.

Sibylle Hasler bittet folgende Regeln zu beachten:

- Wenn man Wildkräuter ausprobieren möchte, sollte man immer mit einer kleinen Menge anfangen. Der Grund: manche Menschen können mit Allergien auf Bestandteile einer Pflanze reagieren. Mit dem Verzehr von kleinen Mengen kann man sich langsam an die vielfältigen Inhaltsstoffe und Aromen der Wildkräuter gewöhnen.
- Ebenso ist es wichtig, nur solche Wildkräuter zu verwenden, die man sicher kennt. Empfehlenswert ist es, sich die nötigen Grundkenntnisse bei einer Kräuterführung anzueignen.
- Für Schwangere und kranke Menschen gilt beim Verzehr von Wildkräutern besondere Vorsicht!

GEFÜLLTE EIER MIT WIESENKRÄUTERN

ZUTATEN

4 hartgekochte Eier
Blättchen vom kleinen Wiesenknopf
5 Blätter Knoblauchrauke
4 EL saure Sahne
6 EL Frischkäse
Etwas kleingeschnittene Frühlingszwiebel
Salz und Pfeffer
1 Prise Schabzieger-Klee

1/ Das Eigelb mit den kleingehackten Kräutern und Frühlingszwiebeln vermischen. Saure Sahne und Frischkäse unterrühren.
2/ Mit den Gewürzen verrühren und in die Eierhälften füllen.

TIPP: Schön sieht es aus, wenn Sie die Eier auf einem Kräuterbett anrichten und mit Blüten von Gänseblümchen oder Stiefmütterchen dekorieren.

GRÜNE SOßE VON WILDKRÄUTERN

ZUTATEN

150 g saure Sahne
250 g Frischkäse
Zitronensaft, nach Geschmack
2 hartgekochte Eier, gehackt
Salz und Pfeffer
200 g Kräuter, z.B.: Knoblauchrauke, Bärlauch, Sauerampfer, Giersch, Löwenzahn und Schafgarbe (je nur junge Blätter)
3 Blättchen Gundermann, kleiner Wiesenknopf

1/ Ein hartgekochtes Ei und die Hälfte der sauren Sahne mit dem Frischkäse pürieren.
2/ Das andere Ei und die restlichen Kräuter fein hacken und unter die Masse heben.
3/ Mit den restlichen Zutaten abschmecken und mit einigen Wildkräutern dekorieren.

TIPP: Schmeckt gut zu gekochten Kartoffeln, hartgekochten Eiern oder als Dip zu einer Rohkostplatte.

MICHAELA DALCHOW, MENTALTRAINERIN & COACH

Wildkräutersalat mit grünem Spargel, Erdbeeren & Ziegenkäse

Michaela Dalchow führt seit einigen Jahren Mental-Trainings und -Coachings in verschiedenen Naturräumen durch. Sie ist zudem Ausbilderin bei der Deutschen Akademie für Waldbaden. So sind Wälder, Wiesen und Felder ihr Wirkungsfeld und natürlich begegnen ihr bei ihren Trainings oder achtsamen Touren immer wieder wunderbare wilde, essbare Kräuter und Pflanzen, die sie zu immer neuen kulinarischen Rezepten inspirieren. Wilde Kräuter und Heilpflanzen sind für sie »Geschenke der Natur, welche in ihrer Geschmacksintensität nicht feiner sein könnten.«

ZUTATEN

300 g grüner Spargel
40 g Sonnenblumenkerne
½ rote Zwiebel
1 kleiner Eichblattsalat
150 g Wildkräuter z.B. Sauerampfer, Löwenzahn, Giersch
150 g Erdbeeren
3 EL weißer Balsamessig
3 EL Orangensaft
→

WILDKRÄUTERSALAT

1/ Spargel waschen, holzige Enden abschneiden, das untere Drittel der Stangen schälen.

2/ Spargel längs halbieren, in Stücke schneiden und mit einem EL Olivenöl in einer Pfanne anbraten.

3/ Salzen und pfeffern, eine Zehe Knoblauch und die Salbeiblätter dazugeben und mitrösten. Zur Seite stellen.

4/ Sonnenblumenkerne in einer Pfanne ohne Fett bei mittlerer Hitze anrösten.

5/ Zwiebeln schälen, halbieren und in feine kleine Würfel schneiden.
6/ Salat waschen, trocknen und klein zupfen.
7/ Wildkräuter waschen und trocken tupfen. Einige Blätter/Blüten zum Garnieren beiseitelegen.
8/ Erdbeeren putzen, waschen und halbieren.
9/ Essig und Zwiebel mit Orangensaft, Honig, Senf, Salz, Pfeffer zu einem Dressing verquirlen.
10/ Mindestens 10 Minuten alles ziehen lassen.
11/ Kurz vor dem Servieren das Olivenöl mit einem Schneebesen unterrühren.
12/ Salat und Wildkräuter mit dem Dressing mischen und mit Spargel, Sonnenblumenkerne, Erdbeeren und Ziegenfrischkäse anrichten.

1 TL Agavendicksaft oder Honig
1 TL Dijonsenf
Pfeffer, Salz
Olivenöl
1 Knoblauchzehe
2–3 Blätter frischen Salbei
4 Röllchen Ziegenfrischkäse

MICHAELE SCHERENBERG, FILMEMACHERIN & MÄRCHENERZÄHLERIN

Grüne Soße märchenhaft

Michaele Scherenberg arbeitete als Filmemacherin und TV-Moderatorin für den Hessischen Rundfunk und wurde vor allem durch die Sendereihen wie »Hessen à la carte« oder »In Hessen unterwegs« sowie viele Reisereportagen und Auftritte beim Hessentag einem breiten Zuschauerkreis bekannt. Michaele Scherenberg hat zudem zahlreiche TV-Reportagen mit den Schwerpunkten Genuss, Essen & Trinken geschrieben und produziert. In ihrem zweiten Berufsleben ist sie zertifizierte Märchenerzählerin.

GRÜNE SOßE MÄRCHENHAFT

ZUTATEN

300 g griechischer Joghurt (10% Fett)
250 g Schmand
1–2 EL Senf
Salz, Pfeffer zum Abschmecken
2 Eier
Etwas Öl
100 g Wildkräuter, z.B. Löwenzahn, junge Brennnessel, Gänseblümchen, etwas Sauerampfer, Gundermann, Walderdbeer-Blätter, Knoblauchsrauke, Beinwell, Zitronenmelisse, Vogelmiere

1/ Die Wildkräuter nach Geschmack mischen, gut waschen und fein hacken.
2/ Dann ein wenig salzen und in einem tiefen Teller oder einer Schüssel mit etwas Öl ziehen lassen.
3/ Nun Schmand und griechischen Joghurt in einer Salatschüssel glattrühren.
4/ Die Eier hart kochen, die Eigelbe zerdrücken und unter die Joghurt-Mischung rühren.
5/ Anschließend den Senf unterrühren.
6/ Danach kommen die Kräuter hinzu und alles wird mit Salz, Pfeffer und Senf abgeschmeckt.

DORISA WINKENBACH, ARTEMIS NATURBALANCING

Dip »Ach du grüne Neune«

Neunstärke«, nannten unsere Ahnen ein Frühlingsgericht, welches von sich behaupten darf, als Vorläufer der Frankfurter Grünen Soße zu gelten. Sein Ursprung geht bis in die Zeit der Kelten zurück. Es wurde aus neun verschiedenen Wildkräutern zubereitet und als Suppe gegessen. Die Bezeichnung ist kennzeichnend für die Stärkung und Neubelebung der menschlichen Vitalkräfte nach langen, kargen Wintermonaten, durch den Genuss frischer Wildkräuter. »In meiner ARTEMIS-Naturaromaküche bringe ich die grüne Soße mit frischen Wildkräutern nach historischem Vorbild, aber im modernen Gewand auf den Tisch«, erklärt Kräuterexpertin Dorisa Winkenbach.

ZUTATEN

125 g Schichtkäse
125 g Frischkäse
100 ml Sahne
Luisenhaller Tiefensalz oder Himalaya-Salz
Frisch gemahlener Pfeffer
1 Prise Chili/Chiliflocken
1 Prise Zucker/oder Tropfen Agavendicksaft
1 Prise Schabzigerklee, getrocknet und gemahlen
1 Spritzer Zitronensaft
→

DIP

1/ Frischkäse, Schichtkäse und Sahne aufrühren. Es soll eine mittelfeste Masse entstehen, die sich gut mit den Gemüsesticks aufnehmen lässt.

2/ Die Wildkräutermischung, am besten selbst gesammelt, sehr fein schneidenund unter den Frischkäse heben.

3/ Würzen sollte man mit den o. g. Gewürzen nur sehr sparsam, denn die Wildkräuter bringen ein charaktervolles Eigenaroma mit.

4/ Mit einem Spritzer Zitrone und einer Prise Salz abschmecken.

Ca. 150 g Wildkräutermischung, am besten selbst gepflückt. Wildkräuter jahreszeitlich sammeln

VEGANE DIP-VARIANTE

1/ Tofu und veganen Frischkäse mit veganer Sahne aufführen.
2/ Gewürze hinzufügen.
3/ Wildkräuter sehr fein schneiden und ebenfalls hinzufügen.
4/ Alles gut durchmischen und 2 Stunden durchziehen lassen.
5/ Mit Salz abschmecken.

ZUTATEN

150 g Wildkräuter
200 g Seidentofu
250 g veganer Frischkäse (Mandelbasis)
Etwa 60 ml Veggiesahne
2 TL Chiasamen oder ausgereifte Spitzwegerichsamen (sie dienen zum Quellen/Binden)
1 Messerspitze Rohrzucker oder Tropfen Agavendicksaft
Abrieb einer ½ Biozitrone
Etwas Luisenhaller Tiefensalz oder Himalaya-Salz

GRÜNE SOSSE AUS ALLER WELT

Ein Blick über den Tellerrand

Die Grüne Soße ist der Klassiker in vielen Landesküchen, denn immer wird sie mit den regional-typischen Kräutern zubereitet. Egal, ob Salsa verde, Pesto Genovese, Mojo verde oder klassische englische Mintsauce – Hauptsache frisch, grün und gut! Probieren Sie also einmal die Rezepte aus aller Welt, beispielsweise von Sternekoch Carmelo Greco für den Klassiker Salsa Verde, von Anya Prinzessin Reuss für die englische Pfefferminzsoße oder die hessische Variante der italienischen Salsa von Kochstudio-Chefin Cornelia Willmutz und bringen damit internationale Weitläufigkeit auf den Teller.

SUSANNE DREXLER, GOURMET CONNECTION

Pesto originale & Tomatentarte

Als leidenschaftliche Globetrotterin hat Susanne Drexler, die Inhaberin zweier Kommunikationsagenturen in Frankfurt ist, ihr Herz besonders an Italien und Frankreich verloren. Auf ihren Reisen hat sie im Laufe der Jahre viele Pesto-Rezepte kennengelernt, aber das Beste von allen wurde ihr vom Inhaber des ligurischen Feinkostgeschäfts »Parla come Mangi« verraten und auch gleich gezeigt, wie man es traditionell zubereitet. Seitdem weiß sie: Nur die besten Zutaten wandern dafür in den Mörser und geben dem grünen Klassiker seine Cremigkeit und Frische. Und Finger weg vom Mixer, Pesto ist Handarbeit! Die Tomatentarte hat Susanne Drexler bei Freunden in der Provence kennengelernt, und seit vielen Jahren wird sie allen Gästen, von der besten Freundin bis zum Sternekoch, serviert. Natürlich mit Tomaten und Basilikum aus dem eigenen Beet.

ZUTATEN

¼ Knoblauchzehe
1 TL Pinienkerne
3 Handvoll Basilikum
Eine Prise Salz
1 ½ TL Parmesan, 24 Monate alt
½ TL Pecorino
1 EL Olivenöl

PESTO ORIGINALE

1/ In einem ausreichend großen Steinmörser werden alle Zutaten mit einem Stößel zerstoßen. Es gibt in Ligurien eigenes Handwerkszeug dafür, aber das Utensil aus dem Asialaden tut es genauso.

2/ Nach und nach werden ein Viertel geschälte Knoblauchzehe und ein Teelöffel Pinienkerne zerdrückt, im Anschluss knapp drei kleine Handvoll möglichst junges Basilikum. Man rührt und stampft die Masse zu einem Brei und fügt eine Prise Salz zu.

3/ Zuletzt werden anderthalb Teelöffel geriebener Parmesan und ein halber Teelöffel Pecorino eingearbeitet. Damit das Pesto geschmeidiger wird, kommt zum Schluss noch ein Esslöffel Olivenöl dazu.

TOMATENTARTE

ZUTATEN

2–4 Platten Butterblätterteig
½ bis 1 EL Pesto
Je nach Größe und Sorte 3 bis 5 Tomaten, ohne Fruchtfleisch und Kerne
Etwas Basilikum (rotes Basilikum, Strauchbasilikum, kleinblättriges Basilikum)
Erbsen zum Blindbacken

1/ Eine runde Springform einfetten und je nach Größe 2–4 Platten Blätterteig auf den Boden legen, so dass er bedeckt ist.

2/ Mit der Gabel einstechen und zehn Minuten bei 200°C blind backen und anschließend abkühlen lassen.

3/ Kurz vor dem Essen den Boden hauchdünn mit dem Pesto bestreichen und mit den in kleine Stücke geschnittenen Tomaten bedecken – besonders schön und köstlich wird es mit bunten alten Sorten wie Grüne Zebra, Berner Rose oder Harzfeuer.

4/ Jetzt die Tarte noch einmal rund acht Minuten in den auf 180°C vorgeheizten Ofen geben. Mit rotem und grünem Basilikum dekorieren und heiß servieren.

CARMELO GRECO, RESTAURANT CARMELO GRECO

Salsa verde Piemonteser Art mit Lasagne vom Thunfisch & Kalbszunge

Die ursprüngliche Salsa verde, eine kalte Kräutersoße, stammt aus dem Norden Italiens und ähnelt in ihren Zutaten (Ei, Senf, allerdings anderen Kräuter wie Basilikum oder Majoran sowie gehackte Kapern) der Frankfurter Grünen Soße. »Salsa verde schmeckt zu vielen Gerichten – egal ob warm oder kalt, Fisch oder Fleisch. Ich persönlich mag Salsa verde am liebsten mit Bruschetta – mehr brauche ich nicht«, sagt der Sternekoch.

ZUTATEN

2 Bund glatte Petersilie
1 Knoblauchzehe
1 TL Kapern
3 TL Ölsardellen-Filets
60 ml Olivenöl, extra vergine
50 g Weißbrot, in Himbeeressig eingeweicht
2 kleine saure Gurken
1 gekochtes Ei
1 Prise Zucker, Salz und Pfeffer, zum Würzen

SALSA VERDE

1/ Von der glatten Petersilie die Blätter abzupfen, waschen und trocken tupfen.
2/ Die Blätter mit Knoblauchzehe, Kapern, Gurken, Weißbrot (ausgedrückt), dem gekochten Ei und den Sardellen im Mixer pürieren.
3/ Olivenöl langsam unterrühren.
4/ Mit Salz und Pfeffer nach Geschmack würzen.
5/ 24 Stunden im Kühlschrank ruhen lassen.

LASAGNE VON THUNFISCH & VITELLO TONNATO:

VITELLO

1/ Fleisch in Wasser mit der Zwiebel, Karotte, Stangensellerie, Petersilie, Prise Salz und Pfeffer 40 Minuten kochen.
2/ Dann kalt werden lassen und in Scheiben schneiden.

THUNFISCH

1/ Den Thunfisch zunächst am Stück in Erdnussöl scharf anbraten (10 Sekunden pro Seite!) und dann in ein Zentimeter dicke Scheiben schneiden und mit Fleur de Sel salzen.
2/ Abschließend werden wie bei einer Lasagne die Salsa verde, die Scheiben des Vitello und des Thunfisches abwechselnd geschichtet.
3/ Zum Schluss wird die fertige Lasagne mit Pinienkernen bestreut. Kalt servieren!

ZUTATEN

500 g Vitello (eine Art Tafelspitz)
500 g Thunfisch, Sashimi Qualität
2 EL Erdnussöl
1 EL geröstete Pinienkerne
1 TL Fleur de Sel
1 Zwiebel
1 Karotte
1 Stangensellerie
4 Petersilienblätter
Salz und Pfeffer, zum Würzen

CORNELIA WILLMUTZ, WILLMUTZ KOCHEN & GENIEßEN

Hessische Salsa verde

Cornelia Willmutz ist ein echtes Rodgauer Mädchen, mit einer großen Sehnsucht nach Italien im Herzen und einer noch größeren Leidenschaft: dem Kochen mit Lebensmitteln in Bio-Qualität. Als »inter-regional« kann man ihren Küchenstil bezeichnen, denn sie bringt ihre internationalen Kocherfahrungen ebenso in ihre Gesundheitsküche mit ein, wie ihre Liebe zur Heimat und zu regionalen Bio-Produkten. Ihre Leidenschaft für »echte« Lebensmittel und eine ausgewogene, der Gesundheit förderlichen Ernährung teilt sie gern mit Interessierten bei ihren privaten Abendessen und Kochkursen der etwas anderen Art.

HESSISCHE SALSA VERDE

1/ Knoblauch schälen und in feine Würfel schneiden.
2/ Mit einer Prise Salz bestreuen und mit einer Gabel zu einem Brei quetschen.
3/ Die Masse mit einem EL Olivenöl verrühren.
4/ Kapern und Sardellen im Küchensieb abtropfen lassen, sehr fein hacken.
5/ Mit Zitronensaft, Salz, Pfeffer, Knoblauchpaste und Öl in einer Schüssel verrühren.
6/ Kräuter waschen, trocknen, grobe Stiele entfernen und so fein wie möglich hacken.
7/ In die Schüssel geben, gut verrühren und in einem Schraubglas bis zum Servieren kaltstellen (mind. 30 Minuten).
8/ Wer es gerne feiner mag, kann mit einem Pürierstab die Masse durchmixen. Bei Bedarf, ein wenig Olivenöl dazugeben.

TIPP: Die Salsa verde wird in Italien traditionell zu Fleisch oder Fisch serviert. Sie eignet sich auch als Brotaufstrich, zur Verfeinerung von Salaten, für Pasta-Gerichte & Suppen.

ZUTATEN
FÜR 2 MARMELADENGLÄSER

1 Päckchen Grüne Soße-Kräuter
1 Zehe Knoblauch
4 EL Kapern
4 Sardellenfilets, in Öl
70 ml Zitronensaft
180 ml Olivenöl
Salz und Pfeffer

BASTIAN FIEBIG, SAXOPHONIST, AUTOR & WEINEXPERTE

Gougères mit Grüne Soße-Kräutern

Bastian Fiebig, auch der Liebe zu seiner französischen Frau Christine wegen, ist beruflich und privat ein geschätzter Gourmet und Weinkenner. Er hat ein traditionelles nordburgundisches Rezept für Gougères (eine Art Käsewindbeutel) mit den Kräutern der Frankfurter Grünen Soße vereint. Diese französisch-hessische Liaison ist perfekt als Vorspeise oder kleiner Appetizer während einer Apfel- oder Traubenweinprobe!

GOUGÈRES

1/ Zunächst den Backofen auf 200°C vorheizen.

2/ Milch und Wasser zusammen mit Salz und Butter in einem großen Topf bei schwacher Hitze erhitzen, bis die Flüssigkeit sprudelt.

3/ Pfeffer und Muskat hinzufügen, dann vom Herd nehmen und schnell das Mehl hinzufügen.

4/ Nun kräftig mit einem Holzspatel umrühren, damit der Teig langsam trockener wird.

5/ Dann den geriebenen Gruyère-Käse hinzufügen, den Topf wieder auf den Herd stellen und kräftig weiterrühren, bis sich der Teig von den Seiten löst.

6/ Nun den Teig in eine Schüssel umfüllen und vier Eier nacheinander hinzugeben, bis alles gut vermischt ist.

7/ Das fünfte Ei hingegen in einer kleinen Schüssel mit einer Gabel verquirlen.

8/ Beobachten Sie den Brandteig: Ist er zu dick, einfach noch ein wenig geschlagenes Ei hinzufügen.

9/ Dann ist der Zeitpunkt gekommen, die fein gehackten Grüne Soße-Kräuter hinzuzufügen und in den Teig einzukneten.

10/ Anschließend mit einem Spritzbeutel gleichmäßige Kugeln auf dem mit Backpapier ausgelegten Backblech formen, jedes Gougére mit einem kleinen Rechteck Gruyère und einer Prise Kurkuma oder Paprikagewürz garnieren und 15 bis 20 Minuten backen.

ZUTATEN

110 g Mehl, fein gesiebt
100 g Milch
100 g Wasser
90 g weiche Butter
6 g Salz
50 g geriebener Gruyère
1 Prise Pfeffer aus der Mühle
Etwas geriebene Muskatnuss
5 Eier
10 g fein gehackte Grüne Soße-Kräuter
50 g ganzer Gruyère-Käse, in sehr kleine flache Rechtecke geschnitten
1 TL Kurkuma oder Paprikagewürz

DR. JENS ROSTECK, MUSIK- & LITERATURWISSENSCHAFTLER & AUTOR & SYLVAIN RIGOULT, FINANZBEAMTER

Grüne Soße »à la française«

Wanderer zwischen zwei Welten: Frankreich im Herzen, Deutschland verbunden und kulinarisch das Beste beider Küchen auf der Zunge – Dr. Jens Rosteck und sein Mann Sylvain Rigoult haben ein besonderes Grüne Soße-Rezept kreiert, nämlich eine Komposition aus normannischen Elementen – Sylvain Rigoult stammt aus der Normandie – und einer Portion südfranzösischem Esprit. »Mein Mann ist, was kulinarische Dinge angeht, ohnehin immer sehr kreativ, individuell und greift Anregungen aus verschiedenen Regionen auf. Insofern ist es vor allem ein sehr persönliches Rezept.«

GRÜNE SOßE »À LA FRANÇAISE«

ZUTATEN (FÜR 3 PERSONEN)

1 Ei
2 Sardellenfilets
1 Zitrone
4 eingelegte saure Gürkchen
10 Stängel Petersilie
5 Stängel Kerbel
20 cl Speiseöl
Salz und Pfeffer, zum Würzen
1 große Scheibe helles Bauernbrot, fein geschnitten

1/ Die Kräuter und die Sardellenfilets so klein wie möglich zerhacken.
2/ Die Gürkchen ebenso.
3/ Das Eigelb schlagen und die Brotkrume (den Brotrand) so klein wie möglich zerbröseln.
4/ Alle Zutaten vermischen und das Öl in kleinen Portionen langsam hinzugeben, so wie bei der Mayonnaise-Zubereitung.
5/ Zuletzt den Saft einer halben (bzw. je nach Gusto) ¾ Zitrone hinzugeben, wenig salzen, etwas mehr pfeffern und abschmecken.
6/ Wer mag, kann noch etwas geriebene Muskatnuss hinzufügen.

TIPP: Diese Grüne Soße nicht allzu kühl servieren. Sie eignet sich sehr gut als Begleiterin für pochiertes Geflügel, kaltes Huhn, Fleisch im allgemeinen und gekochtes Rindfleisch, kann aber natürlich auch zu Kartoffeln (egal, ob Salz- oder Bratkartoffeln) oder hartgekochten Eiern gereicht werden.

MONTSERRAT GARCIA RUIZ & RICHARD BEN ABDELKADER, RESTAURANT HOLA Y OLÉ

Mojo verde

Montserrat Garcia Ruiz und Richard Ben Abdelkader sind Gastgeber und Inhaber des weit über die Kreisstadt Friedberg hinaus bekannte spanische Restaurant »Hola y Olé«. Mojo verde, eigentlich eine kanarische Würzsoße, die traditionell zu Kartoffeln oder Fisch gereicht wird, gehört auch im Friedberger Restaurant zur kulinarischen Grundausstattung der umfangreichen Tapas- und Speisekarte. Das Rezept ist denkbar einfach zuzubereiten.

MOJO VERDE

1/ Die Knoblauchzehen abziehen und im Mörser mit dem Salz zerdrücken und so zu einer Paste verarbeiten.
2/ Danach die Petersilie waschen, entstielen und fein hacken.
3/ Peperoni halbieren und das Kerngehäuse entfernen. Anschließend waschen und klein schneiden.
4/ Die Peperoni mit den Zutaten Salz, Petersilie, der Knoblauchpaste und dem Kreuzkümmel im Mörser mischen und solange bearbeiten, bis eine Paste entsteht.
5/ Zum Schluss das Öl unterschlagen, Zitronensaft dazugeben und in einer Schale servieren.

ZUTATEN

30 g Koriander
40 g Petersilie
3 Knoblauchzehen
2 grüne Peperoni
Saft einer ½ Zitrone
½ TL Kreuzkümmel
Salz
Olivenöl

ANYA PRINZESSIN REUSS, INTERKULTURELLE TRAINERIN, COACH & MEDIATORIN

Englische Mintsauce & Wetterauer Lamm

Früher war Lamm viel fettiger als heute. Der pikante Geschmack von Minze und Essig half dabei, einen Lammbraten besser zu verdauen. Aber noch heute ergänzt die englische Mintsauce die kräftigen Aromen des Lammfleisches kongenial“, erklärt Anya Prinzessin Reuss. »Wir Engländer lieben es«, schwärmt die begeisterte Hobbyköchin, die die Diversität der Küchen aus aller Welt liebt und deren Zutaten und Geschmäcker gern vereint, so wie das Wetterauer Lamm mit der englischen Mintsauce.

MINTSAUCE

1/ Die Minzblätter von den Stielen streifen und die Blätter mit einem scharfen Messer sehr fein hacken.
2/ Die Blätter kurz (1–2 Minuten) in etwas kochendem Wasser ziehen und dann abtropfen lassen. Dies hilft, den Geschmack und Duft der Minzblätter freizusetzen und sie gleichzeitig weicher zu machen.
3/ Essig und Zucker in eine kleine Schüssel geben, umrühren, um den Zucker aufzulösen, dann die Minze hinzugeben.
4/ Fügen Sie nun eine gute Prise Salz hinzu und rühren Sie kräftig um.
5/ Die Mintsauce vor dem Servieren etwa 20 Minuten ruhen lassen, damit sich der Geschmack entwickeln kann.
6/ Beim finalen Abschmecken kann man nach eigenem Geschmack noch etwas Wasser und/oder Essig hinzugeben.
→

ZUTATEN

1 großen Bund Minzblätter – man braucht mehr Blätter als man denkt, da diese stark zusammenfallen
4 EL Essig
1 gestrichener EL Zucker
1 Prise Salz
Etwas kochendes Wasser

TIPP: *»Ich verwende Malz-Essig für die Mintsauce. man kann auch Weißweinessig benutzen«.*

ZUTATEN

1 Lammkeule (ca. 1,5 kg) – mit Knochen
3 Salbeiblätter
1 Zweig Rosmarin
2 Lorbeerblätter
Einige Pfeffer- oder Pimentkörner
Jeweils eine Handvoll Wurzelgemüse wie Karotten, Pastinaken, Sellerie
6 EL Butterschmalz
½ Liter Hühnerbrühe
½ Liter Rotwein
Salz, Pfeffer, zum Würzen

KEULE VOM WETTERAUER LAMM

1/ Man braucht einen ausreichend großen Bräter, in dem die Lammkeule mit dem Wurzelgemüse Platz hat.

2/ Das Wurzelgemüse putzen und in kleine Würfel schneiden.

3/ Die Lammkeule waschen, dann kräftig salzen und pfeffern.

4/ Den Bräter auf dem Herd vorheizen, das Butterschmalz darin gut erhitzen.

5/ Das Wurzelgemüse und die Lammkeule von allen Seiten scharf anbraten.

6/ Rosmarinzweig, Lorbeer- und Salbeiblätter dazugeben.

7/ Nach und nach mit dem Rotwein ablöschen.

8/ Ist der Rotwein gut eingekocht, wird der Braten mit der Hühnerbrühe abgelöscht.

9/ Dann wird die Lammkeule bei 200°C für etwa 1,5 Stunden in den Backofen geschoben, wobei die Temperatur nach einer Stunde auf 180°C verringert wird. Bitte beachten: Ständiges Übergießen mit dem Fond hält die Lammkeule schön saftig!

10/ Garprobe: Wenn der Bratensaft klar ist, ist die Lammkeule fertig. Ist er noch blutig, weitere 10–15 Min. braten.

TIPP: Dazu passen Wetterauer Kartoffeln als Salzkartoffeln, Kartoffelstampf oder -Wedges.

JAQUELINE SCHWAMMBORN, FLAMM'S FLAMMKUCHENHAUS

Flamm's Flammkuchen mit Grüne Soße-Kräutern & Crème fraîche

Ursprünglich war der Flammkuchen im Elsass ein Bauernessen. Nach dem Brotbacken verwertete die Bäuerin den Rest des Teiges auf diese Weise: Er wurde ausgerollt, mit Rahm bestrichen und mit Speck belegt. Die lodernden Flammen des Holzofens gaben dem Flammkuchen die goldbraune Farbe. Inzwischen wurde der Flammkuchen (Tarte Flambée) nicht nur von bekannten elsässischen Köchen, sondern auch bei Flamm's Flammkuchenhaus in Bad Homburg verfeinert.

FLAMMKUCHENTEIG

ZUTATEN

200 ml Wasser
250 g Mehl
Prise Salz

1/ Mehl und Wasser mischen und zu einem geschmeidigen Teig verarbeiten.
2/ Mit einer Prise Salz würzen.

BELAG

ZUTATEN

½ Becher Crème fraîche
Salz und Pfeffer
50 g Grüne Soße Kräuter
Wahlweise nach Geschmack: Lauch, Gruyère, Schinkenspeckwürfelchen

1/ Grüne Soße-Kräuter fein hacken.
2/ Kräuter unter die Crème fraîche heben.
3/ Den Teig sehr dünn ausrollen und auf ein mit Backpapier oder Backfolie ausgelegtes Backblech legen.
4/ Die Mischung auf dem Flammkuchenteig verteilen und verstreichen.
5/ Mit den weiteren Zutaten nach eigenem Gusto belegen.

Ein Flammkuchen wird bei Flamm's bei 400°C für 3–4 Minuten gebacken. Da die maximale Ofenhitze eines Haushaltsofens bei ca. 240 Grad liegt, muss man den Flammkuchen darin 8–10 Minuten backen.

INGRID SCHICK

Flammkuchen mit Handkäse & Grüne Soße-Pesto

Hessen-Fusion, so nennt Autorin Ingrid Schick ihre Küchenexperimente, bei denen sie gern Produkte aus ihrer Heimat mit internationalen Klassikern und Zubereitungsarten kombiniert.

FLAMMKUCHEN

1/ Backblech mit Backpapier auslegen.
2/ Teig ausrollen und auf das Backblech geben.
3/ Zwiebel klein hacken und Lauch in dünne Ringe schneiden.
4/ Handkäse auf der Salatreibe reiben und die Hälfte davon mit dem Schmand vermischen.
5/ Anschließend das Gemisch auf den Teig streichen und Zwiebeln sowie Lauch darauf verteilen.
6/ Restlichen Handkäse darüber streuen.
7/ Im Backofen bei Ober- und Unterhitze, 180°C, etwa 10 Minuten backen.
8/ Nach dem Backen das Pesto mit einem Teelöffel punktuell verteilen.

ZUTATEN

1 Rolle Teig (Flammkuchenteig oder Blätterteig für Eilige)
1 Becher Schmand
4 Scheiben von der Handkäse-Rolle
4 EL rote Zwiebeln
2 Stangen Lauch
4 EL Pesto von den Kräutern der Frankfurter Grünen Soße
Salz und Pfeffer

GRÜNE SOßE-PESTO

Siehe Seite 81

THOMAS KLÜBER, ENTREPRENEUR DER FRANKFURTER GASTRONOMIE

Couscous & Grüne Soße(n) »Walden Style«

Thomas Klüber widmet sein Rezept der Heimatküche seines Vaters. Denn in Marokko sind viele Gerichte eine aufregende Symphonie aus Farben, Düften und Geschmäckern. Das Land und seine Küche wurden im Laufe seiner Geschichte von vielen verschiedenen Völkern und Kulturen beeinflusst: jüdisch, arabisch-islamisch, französisch, afrikanisch und europäisch. Dips und Soßen mit frischen Kräutern gehören in Marrakesch ebenso zu den raffinierten Vorspeisen (Meze) wie die »Grie Soß« in der Mainmetropole variantenreiches Revival feiert.

ZUTATEN

20 g rote Linsen
2 Tassen Gemüsebrühe
2 EL Orangensaft
400 g Couscous
Kumin, Koriander, Chili, Safran, Salz, Pfeffer, Zucker
1 EL Butter
50 g gemischtes Gemüse
1 EL Kichererbsen
1 TL Rosinen
3 getrocknete Aprikosen, gehackt
3 Datteln, gehackt

COUSCOUS »WALDEN STYLE«

1/ Linsen abspülen, in heißem Wasser einweichen.

2/ Gemüsebrühe mit Orangensaft aufkochen.

3/ Couscous und die roten Linsen (abgetropft) dazugeben, kurz köcheln lassen, dann ca. 15 Min. ziehen lassen; zwischendurch den Couscous immer wieder mit einer Gabel auflockern.

4/ Couscous mit jeweils einer Prise gemahlenem Kumin, gemahlenem

Koriander, Chili, Safran, Salz, Pfeffer und Zucker würzen.

5/ Dann die restlichen Zutaten unter den Couscous heben und anrichten.

→

1 EL Minze, gehackt
1 EL frischer, gehackter Koriander

MINZ-DIP »WALDEN STYLE«

ZUTATEN

250 g griechischer Joghurt
1 Bund Minze, sehr fein gehackt
Saft und Abrieb von einer Limette
Salz, Pfeffer, 1 Messerspitze Chili, 1 Prise Zucker

1/ Alle Zutaten zu einem cremigen Dip verrühren.

GRÜNER DIP »WALDEN STYLE«

ZUTATEN

250 g Joghurt, Schmand oder Crème fraîche
2 Datteln
½ Knoblauchzehe
4–6 Walnusskerne
3–4 EL frisches Koriandergrün
3–4 EL frische Petersilie
Salz, Pfeffer, gemahlener Kreuzkümmel, zum Würzen

1/ Jeweils Koriander und Petersilie klein schneiden.

2/ Datteln und die Walnüsse klein hacken.

3/ Knoblauch pressen.

4/ Die fein zerkleinerten Zutaten mit Schmand, Joghurt oder Crème fraîche mischen.

5/ Zum Schluss mit Salz, Pfeffer und gemahlenem Kreuzkümmel abschmecken.

KUMUD D. SCHRAMM, YOGALEHRERIN & COACH

Koriander-Minz-Chutney mit Pakora

Chutneys sind würzige Dips, die in Indien häufig als Beilage zu Brot, Kartoffel- und Gemüsegerichten sowie den traditionellen indischen Currys serviert werden. Die Vielfalt an Chutney-Rezepten ist groß – jedoch gehören in jedes Chutney immer frische Zutaten wie Kräuter, Gemüse oder Obst in bester Qualität. »Grüne Soße entspricht allen Prinzipien der ayurvedischen Ernährungslehre, nach der Speisen immer frisch mit Zutaten aus der Region und der Jahreszeit entsprechend zubereitet werden sollen«, erklärt Yoga-Coach und Rezept-Patin Kumud D. Schramm.

ZUTATEN

30 g frische Minzblätter
30 g frische Kokosnuss
30 g frischer Koriander
2 scharfe, grüne Chili
1 TL Zitronensaft
1 TL Rohrzucker
1 TL Salz
1 TL gemahlener Kreuzkümmel

KORIANDER-MINZ-CHUTNEY

1/ Minzblätter und Koriander waschen, putzen, fein hacken.

2/ Kokosnuss reiben, wenn keine frische Kokosnuss vorhanden ist, kann man auch Kokosflocken aus der Tüte nehmen. Flocken vor Gebrauch in etwas Wasser einweichen.

3/ Chili grob hacken.

4/ Alle Zutaten mit dem Zauberstab zerkleinern, bis das Chutney eine breiige Konsistenz bekommt.
5/ Falls nötig etwas Wasser hinzufügen.

TIPP: Man kann das Chutney pur oder mit einigen EL Joghurt gestreckt teelöffelweise auf dem Teller servieren.

PAKORA-TEIG

ZUTATEN

175 g Besan (Kichererbsenmehl)
280 ml kaltes Wasser
2 TL Salz
1 ½ TL Chilipulver
2 TL Hing (Asafötida, Teufelsdreck)
1 TL Haldi (Kurkuma)
2 EL frischer, klein gehackter Koriander
Ca. 200 ml Erdnussöl, zum Frittieren

Den Teig zuerst zubereiten, damit er noch etwas ruhen kann!

1/ Das Kichererbsen-Mehl mit den Gewürzen und dem Salz mischen und mit dem Wasser zu einem flüssigen Teig verarbeiten.
2/ Erdnussöl in einen Wok oder einen kleinen Topf geben und erhitzen.
3/ 1 TL von dem heißen Öl in den Teig geben und noch einmal gut durchrühren.
4/ Die vorbereiteten Gemüse-, Kartoffel- und Bananenscheiben nach und nach durch den Teig ziehen und dann vorsichtig in das heiße Fett geben.
5/ So lange frittieren, bis der Teigmantel eine schöne Bräune bekommt, dann mit dem Schaumlöffel herausholen, auf Küchenkrepp abtropfen lassen und warm stellen.
→

TIPP: *Auberginen, Spinat, Zwiebeln, Brennnesseln und Holunderblüten oder Bananenscheiben eigenen sich ebenfalls zum Frittieren.*

ZUTATEN

1 kleine Zucchini
1 mittelgroße Kartoffel
1 milde Chili oder grüne, längliche Paprika
1 Banane

TIPP: Auberginen, Spinat, Zwiebeln, Brennnesseln und Holunderblüten eigenen sich ebenfalls ausgezeichnet zum Frittieren.

PAKORA – AUSGEBACKENES GEMÜSE

Pakoras sind ein beliebter Snack, der in Indien bei festlichen Gelegenheiten oder als Beilage zum Mittagessen oder Tee serviert wird.

1/ Zucchini in Scheiben schneiden.
2/ Kartoffel gut waschen, in dünne Scheiben schneiden.
3/ Chili oder Paprika in Streifen schneiden; Chilis längs aufschneiden, die Kerne herausnehmen und etwas salzen.
4/ Banane in 1 cm dicke Scheiben schneiden; wird zuletzt frittiert, deshalb erst kurz vor der Zubereitung schneiden, damit sie nicht braun wird!

PATENTE REZEPTE

Die Grüne Soße-Spezialistinnen und Spezialisten von A–Z

CHRISTOPH BRAND

Gute Musik und gutes Essen: Diese beiden Leidenschaften vereint Christoph Brand, Chef der »Fliegenden Köche«. Vor die Wahl gestellt, »sehr erfolgreich, erfolglos selbst Musik zu machen«, wie Christoph Brand selbstironisch sagt, oder eine Ausbildung zum Koch, hat er sich für letzteres entschieden. Erst die Lehre in einem Fritzlarer Hotel, dann Karriere als Küchenchef. Bis er sich selbständig machte. Das war auch die Geburtsstunde der »Fliegenden Köche«. Parallel hat Brand aber immer selbst Rap-Musik gemacht. Seit Jahren ist Christoph Brand nun ein vielgebuchter Tourkoch für Musiker wie Tim Bendzko, Mark Forster und Samy Deluxe. Mit eigenen Kochshows, Fernsehformaten wie »Die Kochprofis«, Auftritten im hr Fernsehen oder Events wie Extremgrillen und Büchern wie »Kochen unplugged« ist er dem szenigen Genusspublikum bekannt.

Christoph Brand, Die fliegenden Köche, Lutherplatz 9,
34117 Kassel, www.fliegende-koeche.de

MICHAELA DALCHOW

Michaela Dalchow ist beruflich und privat leidenschaftlich gern in der Natur unterwegs. Deswegen hat sie sich nach langjähriger Tätigkeit in der freien Wirtschaft zu einer Ausbildung zum Coach, zur Mentaltrainerin und Kursleiterin Waldbaden entschlossen. Bereits vor vielen Jahren hat die Frankfurterin den Taunus für sich entdeckt und setzt diese Landschaftsszenarien für ihre jeweiligen Trainings ebenso wie für ihr Waldgesundheitstraining mit Elementen des Waldbadens ein. Aber auch der Odenwald, einige Wälder in der Pfalz, in Bayern oder in Thüringen gehören zu ihrem Wirkungskreis. »Der Wald hilft uns dabei, Gedanken zu

sortieren, Klarheit zu gewinnen und Dinge zu relativieren.« Für Interessierte nachzulesen in ihrem Buch »Waldbaden entdecken – für Dummies«.
Mentaltrainerin Michaela Dalchow
www.michaela-dalchow.de, www.wald-gesundheitstraining.de

SUSANNE DREXLER

Susanne Drexler ist seit bald einem Vierteljahrhundert überzeugte Wahlhessin und liebt alles aus Äpfeln und grünen Kräutern. Die studierte Juristin hat in Frankfurt drei international tätige Unternehmen gegründet: die Digital-Agentur Click Connection und die Marketing- und Kommunikationsagenturen Prime und Gourmet Connection. Bei Letzterer dreht sich alles um das Thema Genuss. Ob Essigproduzent Gegenbauer aus Wien, italienischer Parmigiano Reggiano, Spitzen- und Sterneköche oder die Feinkostspezialisten Frischeparadies mit elf Filialen in Deutschland und Österreich, die Kundenauswahl ist handverlesen und macht den Arbeitsalltag abwechslungsreich und kulinarisch spannend.
Gourmet Connection GmbH, Münchener Straße 45,
60329 Frankfurt, www.gourmet-connection.de

BASTIAN FIEBIG

Bastian Fiebig gestaltet sein Leben seit mehr als drei Jahrzehnten in wechselnden Zusammenhängen rund um die Verbindung von Kultur und Genuss. Er ist leidenschaftlicher Saxophonist mit eigenem Saxophonquartett, dem Vierfarben Saxophon. Seit über 30 Jahren stand und steht er von Rock am Ring bis zum Rheingau Musikfestival, von unzähligen Jazzclubs bis zur Kölner Philharmonie auf europäischen Bühnen sowie im Studio. Er ist zudem ein bekannter Workshop-Dozent und erfahrener Musikpädagoge. Aber auch als Weinkenner und -importeur sowie als Dozent für Weinseminare hat er sich einen Namen gemacht. Mehr als zwei Jahrzehnte war er Chefredakteur eines bedeutenden Restaurantführers und Direktor

von Deutschlands größter Kochschule in Frankfurt. Seit 2022 widmet er sich wieder verstärkt seiner Musik und journalistischen Tätigkeit.
Bastian Fiebig, www.bastian-fiebig.de, www.saxophon.de, www.chlinotes.com

TIM FRÜHLING

Mit zwei Jahren kam Tim Frühling mit seinen Eltern nach Stuttgart. Seine Mutter versprach damals, dort wieder wegzugehen, sobald das Kind anfangen sollte, schwäbisch zu sprechen. »Das Kind hat schwäbisch gesprochen, wir sind geblieben«, scherzt Tim Frühling. Eigentlich wollte er als Knirps mit dem Austragen des Stuttgarter Wochenblatts so viel Geld verdienen, dass er sich ein eigenes Hotel hätte kaufen können. Da das nicht geklappt hat, disponierte er um, beschloss weniger schwäbisch zu sprechen und Radiomoderator zu werden. Gesagt, getan: 1997 kam er zum FFH-Jugendsender »planet radio«, 1998 zum Hessischen Rundfunk. Hier moderierte er zunächst Jugendsendungen wie YOU FM, seit 2008 in der ARD und im hr das Wetter und seit 2017 nachmittags in hr1. Der mittlerweile »ingeplackte« Hesse schreibt zudem für verschiedene Verlage spannende und unterhaltsame Krimis sowie regionale Reisebücher. Damit ist Tim Frühling regelmäßig auf Lesereise in Hessen unterwegs.
Tim Frühling, www.tim-fruehling.de

CARMELO GRECO

Carmelo Greco war schon als Kind von der Welt des Kochens fasziniert. Im Hotelrestaurant seines Onkels entdeckte er seine Liebe zum Genuss und beschloss, die Kochlaufbahn einzuschlagen. Stationen seiner Karriere nach dem Besuch der Hotelfachschule: das Zwei-Sterne-Restaurant »Da Guido« in Costigliole d'Asti, das Restaurant »Sandrocchia« in Dreieich, die »Osteria Enoteca« in Frankfurt-Rödelheim. Für seine kulinarische Pionierleistung in Deutschland erhielt Carmelo Greco 1996 seinen ersten Michelin-

Stern. Den pflückte er in seinem Restaurant Carmelo Greco in Frankfurt-Sachsenhausen 2011 erneut vom Gourmethimmel. Ein Blick in die Speisekarte macht Grecos Konzept deutlich: »Schon immer liegen mir die Verfeinerung und Neuinterpretationen klassischer italienischer Rezepte am Herzen«, erklärt er.

Carmelo Greco, Restaurant Carmelo Greco, Ziegelhüttenweg 1–3, 60598 Frankfurt, www.carmelo-greco.de

ANDRÉ GROßFELD

Nach der Lehre bei Alfons Schubeck im »Kurhausstüberl« in Waging am See begannen André Großfelds kulinarischen Wanderjahre. Unter anderem kochte er im Hamburger Sternelokal »Marinas« und im »Wollenberg« sowie im legendären Münchner Zwei-Sterne-Restaurant »Tantris« unter der Leitung von Hans Haas. Weitere Stationen seiner Karriere in Frankfurt: Medici und Brick. 2005 eröffnete er sein eigenes Restaurant: Das GROSSFELD – Gastraum der Sinne, das im Folgejahr direkt mit einem Michelin-Stern und 16 Punkten im Gault Millau ausgezeichnet wurde. Seit Januar 2015 ist er Gastgeber in der Villa Merton in Frankfurt am Main. Auch hier wurde sein Küchenstil bereits im selben Jahr mit einem Michelin-Stern ausgezeichnet.

André Großfeld, Villa Merton, Am Leonhardsbrunn 12
60487 Frankfurt, www.restaurant-villa-merton.de

SIBYLLE HASLER

Die Umweltpädagogin, langjährige Kräuterkundige und Inhaberin von Sibylle's Kräuter- und Naturschule lebt in Kelkheim-Ruppertshain im Taunus. In ihrer Naturschule bietet sie Wildkräuterseminare, Kurse zur nachhaltigen Kräuterküche und Kreativ-Workshops wie Geschenke aus der Kräuterwerkstatt an. Bei erlebnisreichen Kräuterwanderungen durch den Taunus lernt man nicht nur ihre Heimat, sondern auch das Powerfood von der Wiese oder vom Waldrand kennen. Während der Kurse oder bei der alljährlich stattfindenden »offenen Gartenpforte« in Hessen kann man ihren wunderschönen Naturgarten, ein Paradies für seltene Pflanzen und mehr als fünfzig verschiedene Kräuter, mit allen Sinnen entdecken. Alle Termine findet man auf der Homepage.

Kräuter- und Naturschule Taunus, Sibylle Hasler
www.sibylle-hasler.de

THOMAS HAUS

Nach seiner kulinarischen Weltreise auf der MS Europa und Stationen in Hamburg setzt Thomas Haus ab 2006 kulinarische Maßstäbe in Frankfurt – zuerst im angesagten Restaurant Biancalani, anschließend als Patron und Küchenchef im Goldman Restaurant, zusätzlich seit 2016 als Partner von Gregor Meyer im Restaurant die Werkskantine. Die Küche und das Ambiente der Werkskantine in der sogenannten Klassikstadt in Frankfurter Osten, auch Heimat für ausgefallene Sportwagen und Oldtimer mit Autowerkstätten und Showrooms, wird hoch gelobt. »Gelungene Wirtshausküche in New Yorker Industrie-Design mit Blick auf Luxuskarossen«, attestiert beispielsweise das Feinschmeckermagazin Falstaff.

Thomas Haus, Die Werkskantine, Orber Straße 4a, 60386 Frankfurt,
www.die-werkskantine.de

THOMAS KLÜBER

Thomas Klüber ist ein Vordenker der Frankfurter Gastroszene und Gastgeber aus Passion. Nach Abitur und einem Fremdenverkehr-Studiums an der renommierten Fremdenverkehrsschule auf Schloss Klessheim bei Salzburg, »also dort, wo man eigentlich nach dem Abschluss Hoteldirektor in Singapur wird«, zog es Klüber nach Paris und wieder zurück in seine Heimatstadt. Hier ist er seit 1990 tag- und nachtaktiv. Sein gastronomisches Schaffensspektrum reicht von der Stadtteilkneipe zum Szenetreff. Thomas Klüber hat seine persönliche »Marke« bereits mit vielen innovativen Gastroprojekten, darunter legendäre Adressen wie Realkantine, Lounge Restaurant, Studio Bar,

hinterlassen. Nach der gekonnt inszenierten Schlichtheit der 2010-er Jahre im Walden und Oosten, holt Klüber mit seinem Café Utopia Pariser Kaffeehaus-Charme an den Main.
Thomas Klüber, www.walden-frankfurt.com, www.oosten-frankfurt.com

DETLEF KÖHLER

Das TheaterGrueneSosse ist ein mobiles Repertoiretheater mit fester Spielstätte im Theaterhaus Frankfurt und im Löwenhof, gibt aber auch Gastspiele in Kindergärten, Schulen, Bürgerhäusern und Stadthallen. Es steht für hochwertiges, zeitgenössisches Theater für und mit jungem Publikum. Beides, professioneller Spielbetrieb und die Arbeit mit jungen Menschen, wurde vielfach ausgezeichnet und zu nationalen und internationalen Festivals eingeladen. »Aktuell befindet sich das Theater in einer Verjüngungsphase, junge Leute übernehmen die Liebe zum Theater und zur Grünen Soße«, berichtet Detlef Köhler.
Detlef Köhler, TheaterGrueneSosse, Löwengasse 27k, 60385 Frankfurt, www.theatergruenesosse.de

HORST KRÄMER

Anfang des 20. Jahrhunderts waren im Quartier südlich des Mains mehr als 100 Gärtnereien ansässig. Heute bewirtschaften nur noch ein Dutzend Gärtnereien Vollerwerb. »Der guten Erde wegen« habe sich das Quartier einst zum Gärtnerdorf entwickelt, sagt Ortslandwirt Horst Krämer. So ist auch bei den Krämers Gemüse- und Kräuteranbau seit Generationen Familientradition ebenso wie das Engagement für die original Frankfurter Grüne Soße.
Gemüsebau und Hofladen Horst Krämer, Altebergsweg 119, 60599 Frankfurt, www.kraemer-gemuesebau.de

STEFAN LANG

Stefan Lang ist ein erfahrener Gastronom. Er war Gastgeber im Feinschmecker-Restaurant »SchauMahl« in Offenbach und ist bis heute Betreiber der Lichtenberger Brauerei in Oberfranken. Im August 2020 hat er das Traditionsgasthaus Tannenheim auf der Taunushöhe in völlig neuem Look eröffnet. Bei der Renovierung des geschichtsträchtigen Hauses wurde darauf geachtet, die Wiedererkennbarkeit zu gewährleisten. So verbindet das neue Interieur historisch gewachsene Rustikalität mit modernem, elegantem Purismus. Das Wirtshaus soll aber weiterhin »familiär« bleiben. Wanderinnen und Wanderer, Biker, Familien, Genussmenschen – alle sind willkommen.

Stefan Lang, Wirtshaus Tannenheim, Sandplacken 1, 61389 Schmitten, www.taunus-tannenheim.de

MARIO LOHNINGER

Mario Lohninger hat schon als Achtjähriger mit Hingabe im Familien-Restaurant Schnitzel paniert. Kochlehre und Stationen bei den Größen seiner Zunft wie Rudi und Karl Obauer in Tirol, Tantris von Eckhart Witzigmann in New York oder Wolfgang Puck in Los Angeles folgten. 1999 machten Mario Lohninger und David Bouley mit einer extravaganten Speisenzusammenstellung im Restaurant der Extraklasse, dem Danube im Big Apple, kulinarisch Furore. In dem angesagten Gourmet-Tempel konnte dann 2004 der Frankfurter Star-DJ Sven Väth Lohninger 2004 für sein Club-Konzept mit den Gourmet-Restaurants Silk und Micro begeistern. Sechs Jahre später war es aber Zeit für die Umsetzung neuer, eigener Pläne. Mario Lohninger eröffnete, unterstützt von seinen Eltern Paul und Erika, ein eigenes Restaurant am Sachsenhäuser Mainufer unter seinem Namen. Das wurde auf Anhieb mit 17 Punkten im Gault & Millau ausgezeichnet.

Mario Lohninger, Restaurant Lohninger, Schweizer Straße 1, 60594 Frankfurt, www.lohninger.de

ROBERT MANGOLD

Robert Mangold hat das Hotel- und Gastronomiefach als gelernter Koch, Kaufmann und Betriebswirt in großen Häusern in Deutschland und der Schweiz von der Pike auf erlernt. Mit Margareta Dillinger und Johnny Klinke eröffnete er 1988 den Tigerpalast. Unter seiner Ägide haben sich das Tigerpalast-Varieté-Theater und Tiger-Restaurant zu einer weit über die Grenzen Frankfurts bekannten kulturell-gastronomischen Institution entwickelt. Den ersten Stern pflückte man bereits 1997 vom Gourmethimmel. Ab 2004 öffnete er mit den beiden Partnern das »Caféhaus Siesmayer«. Im Jahr 2012 folgte das Gesellschaftshaus Palmengarten. Hier entwickelte er auch das mit zwei Sternen geadelte Gourmetrestaurant »Lafleur«. Mangold ist seit vielen Jahren der Präsident der Deutschen Varietetheater und Vizepräsident der DEHOGA Hessen.

Robert Mangold, Tigerpalast, Heiligkreuzgasse 16–20,
60313 Frankfurt am Main, www.tigerpalast.de

CAROLA & PETER MERKEL

Im romantischen Annelsbachtal entdeckten einst Wanderer ein von Hecken und Rosen umranktes Anwesen. Das muss so um 1900 gewesen sein. Heute ranken sich ums Gasthaus Dornrös'chen Geschichten über eine ausgezeichnete Regionalküche mit herzhaften Gerichten, wunderbaren Torten und Desserts. Carola und Peter Merkel sind Gastgeber mit Herz, die sich den Produkten und Produzenten ihrer schönen Heimat verpflichtet fühlen. So keltert der Hausherr auch die vielfach prämierten Merkel'schen Apfelweine. Die kann man bei einem vorzüglichen Regionalmahl verkosten und zum Glück danach im Land-gut-Hotel mit 24 gemütlich eingerichteten Zimmern im Herzen der Natur übernachten.

Odenwald-Gasthaus Dornrös'chen, Annelsbacher Tal 43
64739 Höchst/Annelsbach, www.dornroeschen-annelsbach.de

SYBILLE NOLTE UND TIAM NAZARINEJAD

Den Hessen Shop haben Sybille Nolte und ihr Ehemann, der Verleger Norbert Rojan, 2010 gegründet. Hessen Shop-Filialen gibt es mittlerweile fünf Mal in Frankfurt: in Bockenheim, Bornheim, Sachsenhausen, Rödelheim und in der Kleinmarkthalle. Die Fans der Eintracht werden im Eintracht Shop mit originellen Accessoires fündig. Außerdem werden schöne Geschenke und Präsentkörbe, darunter ein Grüne Soßen-Pflanzset, mit viel Liebe zusammengestellt und verpackt. Stöbern lohnt sich!

Sybille Nolte & Tiam Nazarinejad, Hessen Shop, alle Filialen unter www.hessen-shop.com

REINER NEIDHART

Reiner Neidhart gehört zu den Gründungsmitgliedern des Wetterauer Landgenusses und führt den Zusammenschluss regionaler Produzenten und Gastronomen seit 2007 als Vorsitzender. Die Passion des »regionalen Genussaktivisten«, wie er sich selbst bezeichnet, ist »saisonal und regional«. Ihm ist es wichtig, immer zu wissen, wo die Lebensmittel herkommen, die er verwendet. Deswegen hat er ein umfangreiches Netzwerk von Lieferanten und Produzenten geknüpft, zu denen er engen und regelmäßigen Kontakt pflegt. Privat trifft man ihn oft auf dem Fahrrad in der Wetterau an und immer wieder beim Pilgern auf dem Jakobsweg oder hessischen Pilgerpfaden.

Reiner Neidhart, Neidharts Küche, Robert-Bosch-Str. 48, 61184 Karben, www.neidharts-kueche.de

FRANK UWE PFUHL

Agrarwissenschaftler, Inhaber des Fachbüros »LandKonzept« für ökologische Planung und Regionalentwicklung, aber auch Verleger, Autor und Fotograf, Begründer und Leiter der NABU-Umweltwerkstatt Wetterau, Streuobstwiesenretter und Gewässerökologe - Frank Uwe Pfuhl engagiert sich auf vielen Wegen und in verschiedenen Bereichen – oft ehrenamtlich – für den Schutz und Erhalt unserer Umwelt. Nicht zuletzt auch als Naturpädagoge und Bildungsreferent für spannende Themen zu Biber, Fledermaus & Co. in der Umweltwerkstatt Wetterau. Als Regional- und Projektmanager erarbeitet er Bildungskonzepte, beispielsweise zur Besucherlenkung in Naturschutzgebieten wie dem Bingenheimer Ried oder er widmet sich spannenden Themen wie der Nutzung von Lebensmitteln aus dem Garten und von der Obstwiese als Maßnahme gegen die Klimakrise.

Frank Uwe Pfuhl, LandKonzept, www.landkonzept.de
Umweltwerkstatt Wetterau, www.wetterau-nabu.de/umweltwerkstatt

ANYA PRINZESSIN REUSS

In Canterbury geboren, in Kent aufgewachsen, in London am Kings College Biologie studiert und diplomiert. An der Jenaer Friedrich-Schiller-Universität hat sich Anya Prinzessin Reuss, geborene Cooper, zur interkulturellen Trainerin, Coach und zur Mediatorin qualifiziert. In Deutschland hat sie sich zudem auch in den Reussen-Prinzen Heinrich XV verliebt und ihn geheiratet. In Büdingen, der Heimatstadt ihres Gemahls, hat sie anschließend ihre neue Heimat gefunden. So liest sich ein Auszug aus dem abwechslungsreichen Leben von Anya Prinzessin Reuss in Stichworten. Neben ihrem beruflichen Engagement als interkulturelle Trainerin für namhafte Industrieunternehmen, Coach und Mediatorin engagiert sie sich ehrenamtlich in ihrer Heimatstadt. Als Vorstandsmitglied leitet sie die Geschicke der Jugendwerkstatt Herrnhaag e.V. mit. Hier arbeitet sie auch als Sozialpädagogin. 2002 wurde unter ihrer Ägide der Büdinger Waldkindergarten gegründet.

DR. PHIL. JENS ROSTECK

Das Portfolio von Dr. phil. Jens Rosteck ist umfangreich: Musik- und Literaturwissenschaftler, Journalist, Buchautor, Biograph, Pianist und Weltenbummler. 18 Bücher in knapp 20 Jahren hat er bei namhaften Verlagen von Suhrkamp bis Piper und Mare veröffentlicht. Darunter viel beachtete Biografien von Weltstars wie Jacques Brel, Edith Piaf, Jeanne Moreau oder Joan Baez. Die große Leidenschaft des Liebhabers und Kenners der französischen Lebensart gilt der Musikkultur des Nachbarlandes. Hier hat er 25 Jahre gelebt, geforscht, gelehrt und gewirkt, in Paris und in Nizza. Und hier hat er auch die Liebe seines Lebens Sylvain Rigoult kennengelernt. Hessen ist Jens Rosteck familiär und durch viele Lesereisen, meist mit Pianobegleitung, eng verbunden.

Dr. phil. Jens Rosteck, www.jensrosteck.de

MONTSERRAT GARCIA RUIZ

Montserrat Garcia Ruiz stammt aus Granada, sie wurde in eine Gastronomen-Familie hinein geboren, hat aber »erst einmal etwas Solides, nämlich Versicherungskauffrau gelernt«. Sie ist aber schon immer auch Gastgeberin mit Passion. Seit mehr als 20 Jahren in der Wetterau. Multikulti kann man sich bei Hola y Olé auf der Zunge zergehen lassen. Denn der Gatte, Franzose mit algerischen Wurzeln, wirkt in der Küche und hat neben den spanischen Klassikern auch kreative Kreationen mit arabischen Komponenten wie einen Maurischen Spieß, gewürzt mit dem orientalischen Gewürz Raz el Hanout, angerichtet auf Gemüse und einem Spiegel aus würziger Tomatensoße auf der Pfanne.

Montserrat Garcia Ruiz, Restaurant Hola y Olé, Hanauer Straße 15, 61169 Friedberg, www.restaurante-holayole.de

MICHAELE SCHERENBERG

Seit vielen Jahren ist Michaele Scherenberg zertifizierte Märchenerzählerin und Symbolbegleiterin der Märchenstiftung Mutabor

und Mitglied in weiteren Erzählverbänden. In ihrem Wohlfühlhaus und dem Lebenskunstladen »Omi Mümchen« in Bad Homburg ist sie Gastgeberin für märchenhafte Abende, Ausstellungen von bekannten Kulturschaffenden oder Leseabende. Dazu gibt es Klang- und Klangentspannung, Alltagszauber und Räucherrituale. Die Märchen erzählt Michaele Scherenberg völlig frei, ohne etwas auswendig gelernt zu haben, begleitet die Erzählungen auf ihren Bergkristall-Instrumenten. So sind diese Abende stets aus der persönlichen Vielfalt gewebt – Märchen, Geschichten, Klang, Ritual und biografisches Erzählen. Dabei spielen in vielen Märchen und märchenhaften Geschichten Hunger, Durst, kulinarische Verführungen und das Essen eine bedeutende Rolle.
Michaele Scherenberg, www.wohlfuehlhaus-badhomburg.de, www.omi-muemchen.de

JACQUELINE SCHWAMMBORN

Seit 1993 kann man in französischer Bistro-Atmosphäre des Flammkuchenhaus' in Bad Homburg original Elsässer Flammkuchen in zahlreichen Variationen genießen. Alle Zutaten für die hausgemachten, authentischen Gerichte werden im Elsass eingekauft. »Glücklicherweise müssen wir unseren Teig nicht mehr mit dem Nudelholz ausrollen, wie es früher im Elsass gemacht wurde. Wir formen aus dem Teig ein Brot, walzen den mit unserer Teigmaschine immer wieder aus, bis die gewünschte Stärke erreicht ist«, erklärt Inhaberin Jaqueline Schwammborn die Herstellung. »Die unterschiedlichen Beläge unterliegen bei uns der Jahreszeit, der Kreativität unserer Küche und natürlich dem Geschmack unserer Gäste.«
Flamm's Flammenkuchenhaus, Elisabethenstraße 38a, 61348 Bad Homburg, www.flamms.de

MICHAEL STÖCKL

Michael Stöckl hat die von ihm mitbegründete Frankfurter Apfelweinmesse weiterentwickelt und kümmert sich mittlerweile ausschließlich um die Cider World, wie die Messe mittlerweile heißt. Die Umfirmierung war nötig, um internationalen Ansprüchen zu genügen. Zum Programm gehören Verkostungen im herrlichen Ambiente des Palmengarten-Gesellschaftshauses, Führungen und ein internationaler Award. Neuester Streich des Apfelwein-Sommeliers: die Cider Academy, hier bietet die Cider World in Zusammenarbeit mit der Hochschule Geisenheim eine professionelle Fortbildungsmöglichkeit für Apfelwein-Produzenten, Streuobstwiesen-Aktivisten, Keltereien aber auch Privatleute mit Faible fürs »Stöffche« an.

Michael Stöckl, Cider World, www.cider-world.de

KUMUD DORIS SCHRAMM

Sozialarbeiterin, Rettungsschwimmerin und dabei immer die Sehnsucht nach einer spirituellen Heimat im Herzen – Kumud Doris Schramm hat die im Yoga gefunden. Von 1986 bis 2013 führte sie ihre eigene Yogaschule AUM HARI in Frankfurt. Die Yogini bildete zudem angehende Yogalehrer für den Berufsverband aus und coacht nach yogischen Prinzipien in allen Lebenslagen, führt seit 2014 einen Yogakurs für PraeVita Rhein-Main durch, ist Autorin von Fach- und Lehrbüchern und hat bereits einen Roman »Zauberland ist abgebrannt« und einen Erzählband »Rosenzart« veröffentlicht.

Kumud D. Schramm, www.kumud.de

JULIUS WAGNER

Der 42-jährige Jurist, dessen Familien aus Herborn und Haiger stammen, ist seit 2009 Hauptgeschäftsführer des Hotel- und Gastronomieverbandes DEHOGA Hessen mit rund 4.000 Mitgliedsbetrieben und Geschäftsführer der Restaurantkooperation »Hessen à la Carte«. Er arbeitete schon während seiner Herborner Schulzeit und später während seines Studiums in Passau in der Gastronomie. Die Grüne Soße steht für Julius Wagner für Zweierlei: Sie ist

»typisch hessisch« und zugleich ist ihr Variantenreichtum ein gutes Abbild für die Vielfalt der hessischen Lebensart und Küche. Im Norden wird sie ganz anders interpretiert als in ihren Frankfurter Stammlanden. Darin liegt auch Ausdruck unserer Identität, und die ist in Hessen vielfältig. Seit 2023 ist Julius Wagner Vorstandsvorsitzender der gemeinnützigen Stiftung Kloster Eberbach.
Julius Wagner, Stiftung Kloster Eberbach,
www.kloster-eberbach.de

TIM WEGGE

Beachtlich ist die Reihe an Eigenmarken, die Wegge im Laufe der Jahre entwickelt hat: vom 20 Jahre gereiften Genussrum, der zu den Besten seiner Art gehört, bis zum Bad Vilbel-Genuss-Gin. Auch an der Entwicklung des Pirate Porters hat er mitgewirkt, für die Lagerung stellt er Fässer aus Panama bereit, in denen zuvor 20 Jahre lang Rum reifte. An seiner Bar reihen sich zudem zahlreiche Einmachgläser, in denen er Rum selbst aromatisiert – mit Früchten der Saison, Kaffee bis Chili. Der rührige Gastronom ist auch Mitbegründer der Bad Vilbeler Altstadtinitiative. Er hat mit seinen Mitstreitern maßgeblichen Anteil daran, dass sich rund ums historische Rathaus ein Hotspot für Kommunikation, Kultur und Genuss etabliert hat.
Tim Wegge, Bar & Restaurant Genusserie, Frankfurter Str. 1,
61118 Bad Vilbel, www.genuss-badvilbel.de

CORNELIA WILLMUTZ

Kochende Leidenschaft: Die begann bereits in Mutters Küche, nach der Schule folgte ein mehrjähriger Aufenthalt in der Toskana, 2003 eröffnete Cornelia Willmutz ein eigenes Bio-Restaurant. Seitdem ist Cornelia Willmutz in den verschiedensten Küchen dieser Welt zu Hause, egal ob in der Kombüse einer Segeljacht, als Privatköchin für Prominente an der Côte d'Azur oder als Küchenchefin in der Reformhaus-Fachakademie »Akademie

Gesundes Leben«. Seit 2021 führt Cornelia Willmutz ihr eigenes Kochstudio, konzeptioniert und hält Kochkurse in persönlichem Rahmen und hat zudem ein ausgewähltes Lebensmittelsortiment entwickelt.
Cornelia Willmutz, Willmutz kochen & genießen, Ober-Rodener-Str. 160, 63110 Rodgau, www.corneliawillmutz.com

DORISA WINKENBACH

Nach drei abgeschlossenen Berufsausbildungen ist Dorisa Winkenbach eine anerkannte Expertin für Vollwertkost, Wildkräuter und angewandte Ernährungskunst. Gesundheitsvorsorge aus der Wildnis – genuss- und lustvoll auf den Tisch gebracht, so werden die sogenannten »Unkräuter« als Lebensmittel und kulinarische Leckerbissen in ihrer Naturaromaküche eingesetzt. Bei ihren Exkursionen ist ihr das genaue Hinschauen und die Achtsamkeit ein wichtiger Aspekt für Wildpflanzenbegegnungen. Denn Wirkung und Heilkraft einer Pflanze lassen sich oft bereits aus deren Gestalt und Beschaffenheit erahnen. In Vorträgen und Seminaren vermittelt Dorisa Winkenbach fachkompetent Wissen über die Schätze aus der freien Natur und die vielfältigen Möglichkeiten zur ganzheitlichen Gesundheitspflege damit. In ihren Performance Art-Projekten stellt sie Wildpflanzen auf künstlerischer Ebene vor.
Dorisa Winkenbach, www.winkenbach.net

Alles im grünen Bereich

Warum aus den sieben Kräutern nur Grüne Soße zubereiten? Hessische Produzenten zeigen mit originellen Produkten, was man sonst noch mit den sieben Kräutern machen kann.

GRÜNE SOßE-GIN

Gin ist in! Bestes Beispiel ist der Gin7 vom Obsthof am Berg in Kriftel. »Kräutrige Substanz und komplexe Basis bilden die Aromen von Kerbel und Petersilie. Frische mit der Tendenz zu Zitrusnoten stammen von der Kresse und dem Sauerampfer. Pimpinelle, leicht nussig und Borretsch, eher floral, runden die Komposition sanft ab. Schnittlauch verleiht dem Gin7 einen besonderen Charakter«, so beschreiben die Henrichs ihr Destillat.

Brennerei Henrich Obsthof am Berg, Auf der Hohlmauer 2, 65830 Kriftel, www.brennerei-henrich.de

MISS PELL TRIFFT HERR BAL

Mirjam Kremer ist die Frau hinter dem kultigen »Miss Pell«, einem trinkfertigen Mispelchen. Nun hat »Miss Pell« den »Herr Bal« getroffen, eine Kräuter-Trockenmischung und ein Salz mit den sieben Kräutern der Frankfurter Grünen Soße, beides in hübsche Bechergläser mit Holzlöffelchen zum Portionieren gefüllt.

Gibt's in Regionalshops wie dem Hessen Shop, im Hessenpark, Kaufhaus Hessen oder man bestellt direkt bei Miss Pell online: www.miss-pell.com

GRÜNE SOßE FÜR DIE FENSTERBANK

In einer schönen, großen Streichholzschachtel gibt es das in einzelnen Tütchen verpackte Saatgut für die sieben Kräuter der Frankfurter Grünen Soße. Gesät werden sollte in lockerem, humusreichem Boden im Beet oder Blumenkasten von April bis Mitte Juni. Erntezeit: von Mai bis Oktober. Ganzjährig kann man die Kräuter beispielsweise auf dem Küchenfensterbrett ziehen.

Gibt's bei allen Filialen des Hessen Shops oder online bestellbar: www.hessen-shop.com

GRÜNE SOßE-PESTO, HESSEN SHOP

Nomen est omen: die Eigenmarke des Hessen Shops heißt »DelikatHessen« und so ist auch das Grüne Soße-Pesto! In diesem Pesto wurde das ganze Aroma der Frankfurter Grünen Soße-Kräuter eingefangen! Passt zu Nudeln, Salat, als Brotaufstrich und ist auch »ohne alles« eine Versuchung! Zubereitet wird das »Hessen-Pesto« mit feinstem Rapsöl, den sieben Kräutern, Olivenöl, Mandeln, Zitronensaft, Sonnenblumenkernen, Senfsaat, Meersalz, Gewürzen.

170 ml im Glas mit Schraubverschluss gibt's in allen Filialen des Hessen Shops oder online unter www.hessen-shop.com

GRÜNE SOßE-SENF

Darauf haben wir schon lange gewartet: eine besondere Senf-Spezialität zu den echten Wurstwaren des Frankfurter Traditionsmetzgers Gref-Völsing! Der Grüne Soße-Senf wird von Hand, mit viel Liebe und Sorgfalt zubereitet. Ob zu Wurstwaren, Eiergerichten, Salatdressings oder als Brotaufstrich, dieser Senf ist ganz besonders! Rein kommt nur Wasser, Senfsaaten, Branntweinessig und die original Frankfurter 7-Kräutermischung.

Gref Völsing, Hanauer Landstraße 132, 60314 Frankfurt, www.gref-voelsings.de

TRADITIONELL
FEINE SPIRITUOSEN
holzfassgereift
ONLINE-SHOP WWW.BIRKENHOF-BRENNEREI.DE
BIRKENHOF-BRENNEREI Est. 1848
0,5 L - 40 %VOL
ALTE MARILLE
0,5 L - 40 %VOL
ALTE WILLIAMS-BIRNE
0,5 L - 40 %VOL
ALTE QUETSCH
0,5 L - 32 %VOL
HASELNUSS
NEUE TRADITIONEN IN ALTEN FÄSSERN
CRAFT SPIRITS BERLIN 2024
CRAFT DISTILLERY OF THE YEAR
FRANKFURT INTERNATIONAL TROPHY®
WINE, BEER & SPIRITS COMPETITION
Beste Destillerie Deutschlands 2023
Birkenhof Brennerei
57647 Nistertal · F 02661 982040 · info@birkenhof-brennerei.de